Adelheid Popp

Jugend einer Arbeiterin

1080 Wien, Friedrich-Schmidt-Platz 4/7
info@picus.at
2., verbesserte Auflage 2026

Grafische Gestaltung: Dorothea Löcker, Wien
Umschlagabbildung: ÖNB/Wien, 140.631B
Druck und Verarbeitung:
Florjančič Tisk d.o.o., Maribor
ISBN 978-3-7117-2087-0

Informationen über das aktuelle Programm
des Picus Verlags und Veranstaltungen unter
www.picus.at

Adelheid Popp

Jugend einer Arbeiterin

Herausgegeben von Sibylle Hamann

Mit Essays
von Katharina Prager und Sibylle Hamann

Picus Verlag Wien

Inhalt

Sibylle Hamann

Eine muss immer die Erste sein

Es ist ja so eine Sache mit den historischen Fotografien. Man blickt in ein Gesicht und meint etwas zu erkennen – einen Charakterzug. Eine Stimmungslage. Eine Botschaft aus einer lang vergangenen Zeit.

Aber dann beschleichen einen Zweifel. Der heilige Ernst, den man in den Augen auf dem Bild zu erkennen glaubt, ist vielleicht gar nicht der politischen Mission geschuldet, sondern bloß der Anspannung im Fotostudio. Und die Ungeduld, die man meint, aufblitzen zu sehen, gilt womöglich gar nicht den Fortschritten in der Frauenfrage, sondern bloß den umständlichen Bewegungen des Fotografen.

Adelheid Popp konnte niemandem ähnlich sehen, als sie als Politikerin für den Fotografen posierte. Weil sie die erste in ihrer Rolle war.

Wenn man die erste ist, gibt es keine Schablonen, in die man hineinpassen, und keine Vorbilder, an denen man sich orientieren könnte. Was ziehe ich an, wie verschaffe ich mir Gehör, wie bewege ich mich, wie reagiere ich auf Untergriffe? Adelheid Popp musste für all diese Fragen Standards setzen. Sie war eine der ersten sieben weiblichen Abgeordneten, die im ersten frei gewählten Nationalrat 1919 angelobt wurden. Sie war die erste Frau, die im österreichischen Parlament eine Rede hielt: Am 3. April 1919 war das, und das Thema war die Abschaffung der Adelstitel in der eben erst gegründeten Republik.

Kann man sagen, dass Adelheid Popp die erste professionelle, bezahlte, angestellte Berufspolitikerin Österreichs war? An dieser Stelle drängt sich Kaiserin Maria Theresia ins Bild und widerspricht energisch: eine Herrscherin immerhin, die zwischen 1740 und 1780 ein Weltreich regierte, Kriege führte und die Schulpflicht für alle österreichischen Kinder anordnete.

Wenn man Bilder von Maria Theresia und Adelheid Popp nebeneinanderlegt, können einem jedoch, oberflächlich betrachtet, tatsächlich Ähnlichkeiten auffallen: Selbstsicher sitzen da beide stets im Zentrum des Geschehens, mit einer stämmigen Statur, die signalisiert: Mich könnt ihr nicht mehr so leicht beiseiteschieben! Jetzt bin ich hier, und ich bleibe auch!

Wie wird man so? Durch Erfahrungen. Beide Frauen hatten sich ihren Respekt wohl erst mühsam erarbeiten müssen – den Respekt sowohl der männlichen Kollegen als auch des politischen Publikums. Sie hatten sich eine dicke Haut zulegen und alle Empfindlichkeiten abwerfen müssen.

Als zum Beispiel Friedrich Engels, der große alte Mann des Sozialismus, die junge Adelheid Popp bei einem Kongress hörte, schrieb er über sie in einem Brief an seinen Bruder: »Mein eigentliches Schatzerl war doch ein allerliebstes Wiener Fabriksmädel, reizend von Angesicht und liebenswürdig von Manieren.« Solch eine Art Lob muss man erst einmal überwinden lernen.

Dass Popp ein »Fabriksmädel« war, ein echtes Proletarierkind, war der Treibstoff für ihren frühen Ehrgeiz, wie auch für ihre spätere Karriere. Sie kannte das Leben auf den Straßen der Vorstadt, hatte am eigenen Leib gespürt, wie sich Hunger anfühlt, und bot sich allen Menschen, die demselben Milieu entstammten, als Identifikationsfigur an.

Die – oft bürgerliche – Führungsriege der sozialdemokratischen Partei, allen voran Victor Adler, erkannte rasch, wie dringend die Partei genau das brauchte. Systematisch ermunterte er Popp zum Schreiben, zu Auftritten vor Publikum.

Emma Adler, seine Ehefrau, nahm Popp unter ihre Fittiche, übte über viele Jahre Grammatik und Rechtschreibung mit ihr, beriet sie in Stil- und Modefragen und wurde zu einer engen Freundin.

Popp durchschaute bald, wie unverzichtbar sie für die Partei in dieser Rolle war – einerseits als authentisches Role Model, andererseits als einzige Frau, die sich vor Männerpublikum auf die Bühne traute, sogar in den verrauchten Hinterzimmern der Wirtshäuser. »Da sich noch wenige Frauen öffentlich betätigten, hatten Rednerinnen immer zu tun«, schreibt sie nüchtern. Doch ging diese exponierte Position keineswegs automatisch mit Macht und inhaltlichen Gestaltungsmöglichkeiten einher: ein Konflikt, der die Geschichte der SPÖ von Beginn an beschäftigt – bis heute.

»Die meisten sich als Sozialdemokraten definierenden Männer sahen in Frauen keine potentiell gleichberechtigten Genossinnen«, schreibt die Historikerin Gabriella Hauch über die Anfangszeit der Partei in den achtziger Jahren des 19. Jahrhunderts. Das Vereinsgesetz der Monarchie verbot Frauen die Mitgliedschaft in politischen Vereinen; generell attestierte man ihnen »Politikunfähigkeit« und begründete das mit der Biologie. Bei den ersten Parteitagen durfte die zweiundzwanzigjährige Popp bloß als »Gast« dabei sein.

Als die Parteifrauen die Gründung einer eigenen Zeitung, der *Arbeiterinnen-Zeitung*, forderten, ätzte Victor Adler: »Zeigen Sie uns eine Genossin, die die Fähigkeit hat, das Blatt herzustellen.« Mit nur drei Jahren Volksschulbildung erkämpfte sich Popp im Alter von dreiundzwanzig die Leitungsfunktion. »Wir haben es satt, immer nur als geduldete Personen oder als Dekorationsstücke zu fungieren«, würde die Zeitung bald schreiben. Kommt uns dieser Konflikt, aus hundert Jahren Abstand, irgendwie bekannt vor?

Um einen Fuß in die Tür zu bekommen, brauchte es flammende öffentliche Reden und zähes Taktieren hinter den Kulissen, Boykottaufrufe, eiskalte Drohungen gegen das Parteiestablishment, und gleichzeitig Schmeicheleien und informelle Deals. »Popps Strategie war eine Mischung von Appell, Angriff und Kompromiss«, schreibt Hauch. Als Fünfzigjährige schließlich, mit ihrem Einzug in den Nationalrat, hatte sie sich als fixe Größe in der Partei endlich etabliert.

Popp steckte viel Herzblut in die Parlamentsarbeit. Mit Gesetzen, so lautete die Hoffnung der Genossinnen und Genossen, würde man endlich die wilden, brutalen Kräfte der kapitalistischen Produktionsweise zähmen können. Erste Meilensteine waren denn auch der Achtstundentag, die Einführung von Arbeitsinspektoraten, die die Arbeitsbedingungen in den Fabriken kontrollieren sollten, und Schutzgesetze für Schwangere und Mütter.

Außerdem leuchteten speziell die weiblichen Abgeordneten eine Tabuzone der Arbeitswelt aus, die die bürgerliche Gesellschaft bis dahin stets im privaten Bereich versteckt hatte: die Dienstmädchenfrage nämlich. Über die Parteigrenzen hinweg arbeiteten Parlamentarierinnen das Dienstbotengesetz aus, das Zehntausenden im Haushalt beschäftigten Frauen erstmals verbriefte Rechte gab.

Es gab viel zu tun auf dem weiten Feld der Gleichstellungspolitik – die Frauen mussten um ein modernes Familienrecht ringen (was bis in die siebziger Jahre dauern sollte), oder um die Straffreiheit von Abtreibungen (was ebenso langwierig war). Allerdings hätte es auch in allen anderen Politikbereichen viel zu tun gegeben. Doch hier verstrickten sich die Politikerinnen in ein Dilemma, das sie von den Anfängen der Bewegung bis heute begleitet: Gern wurden Frauen in der SPÖ nämlich stets für Frauenfragen verantwortlich gemacht – in der Hoffnung, dass sie sich dort still beschäftigen und in allen anderen Fragen Ruhe geben würden. Und keinesfalls die Machtfrage stellen.

Auf der politischen Ebene wiederholen sich damit die privaten Zuständigkeiten: Daheim kümmert sich die Mama ums Naseputzen, im Parlament kümmert sich die Politikerin um die Kinderbetreuungsgesetze. Popp durchschaute diese Logik. So wichtig ihr sozialpolitische Reformen waren, so ärgerlich empfand sie es, dass die Genossen Fürsorge- und Sozialpolitik stets als »Weibersache« abtaten.

Man kann Popp beinahe dabei zuschauen und zuhören, wie über die Jahre ihr Ärger anschwoll. 1928, in den großen Zeiten des Roten Wien, meinte sie noch, den Rückenwind der Geschichte zu spüren: »Die Frau geht ihren Weg immer weiter aufwärts, sie geht ihn heute Seite an Seite mit dem Manne. Mit Riesenschritten holt sie nach, was sie in vergangenen Jahrhunderten ohne ihre Schuld versäumt hat!«

Ein Jahr später setzte sie bereits eine Warnung ab: »Solange die Frauen nicht das Gefühl haben, in der Partei gleichwertig zu sein«, dürfe man sich nicht wundern, wenn sie die Partei nicht wählen.

1931 klang sie schon ein bisschen genervt: »Wir haben die staatsgrundgesetzlich gewährleistete Gleichberechtigung der Frau, wenn wir auch überall sehen und fühlen, wie man versucht, den Frauen von der Position, die sie sich errungen haben, wieder ein Stück wegzunehmen … wenn auch nicht direkt und auf geradem Wege«, sagte sie im Parlament.

Bis sie im Februar 1933, ebenfalls in einer Parlamentsrede, dann schon ins Grantige kippt: »Mich trifft das Schicksal, dass ich Jahr für Jahr zum gleichen Thema reden muss, ohne darauf hinweisen zu können, dass sich irgendetwas zum Günstigeren verändert hätte – im Gegenteil, ungünstiger sind die Zustände geworden!«

Sie sollte recht behalten. Ein paar Wochen später wurde das Parlament ausgeschaltet, und das Unheil des Faschismus nahm seinen Lauf. Mit ihrer Lebenserfahrung, einer scharfen Analyse der Machtverhältnisse sowie ihrem feinen Sensorium für gesellschaftliche Stimmungen hatte Adelheid Popp untrüglich gespürt, dass die Entrechtung von Menschen meistens mit der Entrechtung von Frauen beginnt. Und dass keine gesellschaftspolitische Errungenschaft in Stein gemeißelt ist, sondern täglich neu mit Leben gefüllt werden muss, um Bestand zu haben.

Wir schauen dieser Frau also ins Gesicht und haben das Gefühl, dass sie zurückschaut, über hundert Jahre hinweg, skeptisch, wachsam, unerschrocken. Was sie wohl denken würde über unsere aktuellen Konflikte, unsere Kämpfe, unsere Zweifel? Würde sie sie wiedererkennen? Würde sie lachen? Man würde sie jedenfalls gern um Rat fragen.

Katharina Prager

Adelheid Popps (fest-)geschriebenes Leben

Schreiben

Ist »Die Jugendgeschichte einer Arbeiterin« eher eine Agitationsschrift oder eine Autobiografie? Diese Frage ist wahrscheinlich nie ganz zu klären und doch nicht aus dem Kopf zu verlieren. Adelheid Popp schrieb selbst, es gehe ihr darum, »zahlreichen Arbeiterinnen, die mit einem Herzen voll Sehnsucht nach Betätigung lechzen, aber immer wieder zurückschrecken, weil sie sich die Fähigkeit nicht zutrauen, etwas leisten zu können, Mut zu machen«. (133) Ihr Leben an sich sei dabei keineswegs etwas »individuell Bedeutsames«, erklärte sie in ihren Vorworten, im Gegenteil, es sei »das von hunderttausend Frauen und Mädchen des Proletariats«. Wenn Adelheid Popp sich selbst zum Fallbeispiel erklärte, dürfte sie kaum Wert darauf gelegt haben, ihre Geschichte faktisch korrekt zu erzählen, oder doch? Sie legte selbst offen, dass sie in der ersten Ausgabe der »Jugendgeschichte einer Arbeiterin« um ihrer Anonymität willen Spuren verwischte. Nun sind aber die Unterschiede zwischen der ersten und den späteren Ausgaben nicht sehr groß. War also tatsächlich gar nicht so viel falsch dargestellt worden oder war es ihr sogar recht, wenn eine gewisse Unklarheit darüber bestehen blieb? War sie sich bewusst, dass sie die späteren Darstellungen ihres Lebens durch diese Jugendgeschichte entscheidend mitbestimmen würde? Bis heute wird die Jugendgeschichte der Adelheid Popp fast ausschließlich in Berufung auf ihre eigenen Worte erzählt und so festgeschrieben – nicht zuletzt sicher auch deshalb, weil ihr Nachlass fast gänzlich zerstört wurde. Die Forschung konzentrierte sich naheliegenderweise vorerst auf Popps Karriere, die aus anderen Quellen gut erschlossen werden konnte. Gerade bei Frauen stehen Herkunft und Familie oft allzu zentral und es war insofern sehr legitim, diese nicht wieder in den Mittelpunkt zu stellen. All das führte allerdings dazu, dass die biografischen Daten der Frau, die als erste im österreichischen Parlament das Wort ergriff, nach wie vor meist unvollständig bis falsch vorliegen. Namen und Daten ihrer Eltern und ihrer beiden Söhne fehlen in den meisten biografischen Darstellungen, während ohne Überprüfung von fünfzehn Geschwistern ausgegangen wurde und ihr lange fälschlicherweise ein dritter Sohn (ein Politiker) zugeordnet wurde.

Auch über die Hintergründe von Popps Arbeit an ihrer Jugendgeschichte wurde bisher wenig nachgedacht. Es sei nicht einmal ihre Idee gewesen, die Geschichte aufzuschreiben, schrieb sie 1922. Ihr Kollege Adolf Braun, der 1907 als Redakteur der *Arbeiter-Zeitung* in Wien war, habe sie dazu angeregt, ja, habe sie geradezu überzeugen müssen. Sonst gibt es wenige Hinweise, aber tatsächlich spricht vieles dafür, dass sie den Text relativ rasch in den Jahren 1907/08 niederschrieb. Der Jänner dieses Jahres hatte mit der Einführung des allgemeinen und gleichen Wahlrechts für Männer einen Höhepunkt der sozialdemokratischen Erfolge gebracht. Es war aber kein ungetrübter Erfolg für Adelheid Popp, die seit den 1890ern und als Erste auch öffentlich für das Frauenwahlrecht eingetreten war. Erst 1905 hatte sie sich der Parteidisziplin untergeordnet und diese Forderung zugunsten der Durchsetzung des Männerwahlrechts zurückgestellt. Das war nun also erreicht und vielleicht reizte die Idee, autobiografisch zu schreiben, Popp gerade jetzt, weil sie hoffte, dass ihre geteilten Erfahrungen erneut agitatorisch auf die Arbeiterinnen wirken würden. 1907 dürfte zugleich eine etwas ruhigere Phase in Popps Leben begonnen haben. Sie lebte als »Redakteurin und Witwe«[1] mit ihren beiden Söhnen, die sieben und elf Jahre alt waren, in einer Wohnung in der Döblinger Hauptstraße 70.[2] Seit fünf Jahren war sie alleinerziehend und dabei ebenso selbstverständlich wie notwendigerweise berufstätig. Einige Jahre zuvor hatte noch ihre Mutter, Anna Dwořak, bei ihr gewohnt, doch 1907 war sie bereits tot[3] und das war für Popp womöglich eine wichtige Voraussetzung, um überhaupt autobiografisch schreiben zu können. Diese Mutter war im Leben ihrer Tochter dauerhaft und auf durchaus ambivalente Weise präsent gewesen, und so wurde sie zu einer der wichtigsten Figuren der Jugendgeschichte. Interessant ist auch, sich zu vergegenwärtigen, dass Popps Söhne Julius und Felix um 1907 noch die Schule besuchten und damit eine ganz andere »Kindheit« erlebten als ihre Mutter, in deren Welt man mit spätestens sieben Jahren aufhörte Kind zu sein und zur Arbeitskraft wurde.

Sich vor diesem Hintergrund auf die Spurensuche zu machen und Popps autobiografische Erzählung quellenkritisch zu lesen, ihre blinden Flecken, Auslassungen und Erinnerungslücken zu finden, hat nicht zum Ziel, Adelheid Popp vorzuführen. Es geht vielmehr darum zu verstehen, wie sie auf ihre Kindheit

1 Julius Popp (5. April 1849–18. Dezember 1902) war ebenfalls ein wichtiger Akteur in der Partei gewesen und ein Freund und Wegbegleiter Victor Adlers, der die österreichische Sozialdemokratie als Massenpartei begründet hatte.

2 Julius Popp (20. Juni 1897–Oktober 1916, vermisst an der Dolomitenfront) und Felix Popp (13. Oktober 1901–Herbst 1925).

3 Das genaue Geburts- und Todesdatum von Anna Dwořak (geb. 1824) konnte trotz ausführlicher Recherchen nicht eruiert werden – sowohl die unterschiedlichen Schreibweisen des Namens als auch seine Häufigkeit stellen ein Problem dar.

und Jugend in Niederösterreich zurückschaute, was sie erinnerte und was nicht, was ihr selbstverständlich war und was bedeutsam. Außerdem wird dabei deutlich, wie schwer es ist, die Geschichte einer nach wie vor als »unbedeutend« geltenden Arbeiterfamilie in den Tauf-, Sterbe- und Heiratsbüchern nachzuvollziehen. Während in Inzersdorf, wo Adelheid Popp im Februar 1869 geboren wurde, heute noch Straßennamen, Denkmäler sowie das Bezirksmuseum ausführlich auf Fabriksherren wie Heinrich Drasche verweisen, blieben die Spuren der Familie Dwořak (auch Dworschak oder Dvorak) quasi unsichtbar.[4] Die folgende Skizze ist ein Versuch, auf Basis der inzwischen digital zugänglichen Pfarrbücher sowie wirtschafts- und sozialgeschichtlicher Arbeiten ein neues Bild als Ergänzung zum (fest-)geschriebenen Leben der Adelheid Popp zu gewinnen. Nicht alle Funde waren überraschend, nicht alle Fragen konnten letztgültig geklärt werden. Doch diese Daten führen uns – auf einem anderen Weg als der Text – auf eine Zeitreise in die sich industrialisierende Gegend um den Wienerberg.

Leben

Am Montag, dem 15. Februar 1869 wurde ausnahmsweise nur ein Kind in der Pfarrkirche St. Nikolaus, im Zentrum von Inzersdorf, getauft. Normalerweise taufte der Pfarrprovisor Jacob Prigl, der seit drei Monaten den Pfarrer vertrat, drei bis vier Kinder an einem Tag. Dieses war das fünfte Kind, das der damals dreiundfünfzigjährige Webergeselle Adalbert Dwořak und seine fünfundvierzigjährige Frau Anna zur Taufe in die Inzersdorfer Pfarrkirche trugen, seit sie – wahrscheinlich um 1858 –

4 Es gibt übrigens auch eine Adelheid-Popp-Gasse. Sie liegt im 22. Wiener Gemeindebezirk.

nach Inzersdorf gezogen waren. Taufpatin war Magdalena Pavlik, eine »Webersehegattin« aus Inzersdorf Nr. 141. Sie hatte bereits im Februar 1867 die Patenschaft für die erste Tochter des Paares, die nunmehr zweijährige Magdalena, übernommen. Wie die meisten anderen Patinnen im Taufbuch konnte Frau Pavlik nicht schreiben. Sie setzte drei Kreuze neben ihren Namen im Taufbuch, den der Lehrer Karl Wurst als »Namensfertiger« hineingeschrieben hatte. Karl Wurst war vermutlich ein Sohn des in Inzersdorf bekannten und sehr aktiven siebenundsechzigjährigen Oberlehrers Franz Wurst, der – wie auch sein Nachfolger Georg Freund – die Bildungsangelegenheiten der Gemeinde verwaltete. Nur wenige Wochen nach dieser Taufe sollte das neue, fortschrittliche Reichsvolksschulgesetz in Kraft treten, das die achtjährige Schulpflicht und die Abschaffung des Schulgelds brachte. Die Aufgabe der Oberlehrer war es auch, dafür zu sorgen, dass die Arbeiterkinder in die Schule und nicht in die Arbeit gingen – das sollte noch zu Konflikten führen.

Doch bleiben wir vorerst bei der Taufgesellschaft. Das erst vier Tage alte Mädchen wurde auf den Namen Adelheid getauft – ein Name, den vorher noch niemand in ihrer Familie getragen hatte, obgleich es durchaus üblich war, Namen mehrfach zu vergeben und durch Namen zu bekannten Personen in Beziehung gesetzt zu werden. Die Eltern und die Patin hatten – wahrscheinlich ohne die fünf Geschwister des Säuglings, die zwischen zwei und zwölf Jahren alt waren – die etwa eineinhalb Kilometer von ihren Häusern an der heutigen Triester Straße ins dörfliche Zentrum von Inzersdorf in der Winterkälte zurückgelegt. Inzersdorf war in den vergangenen zwei Jahrzehnten rasch angewachsen – die Hausnummern über 100 verwiesen auf die Arbeiterwohnungen, die in großer Anzahl »an der Straße« zu den Wienerberger Ziegelwerken gebaut worden waren. Die Bewohnerinnen und Bewohner des nach wie vor ländlich idyllischen »Dorfes« grenzten sich nicht nur sprachlich von dem dort wie auf einer Insel lebenden Industrieproletariat, den sogenannten »Straßlern« oder »Ziegelböhm«, nach Kräften ab. Man klagte, dass der Adel aufgrund der verpesteten Luft nicht mehr auf Sommerfrische komme, man hatte Vorurteile: Diebisch seien die dort, moralisch verkommen und nicht zuletzt in Bezug auf Sanität ließen »diese Massenquartiere freilich noch manches zu wünschen übrig«. Machen könne man aber wenig gegen diese Missstände, aufgrund der »besonderen Eigenschaften der Arbeiterbevölkerung, mit welchen hier gerechnet werden muss«. Letzteres steht in der Festschrift der Ziegelwerke aus dem Jahr 1873.

Spätestens in den 1850er Jahren, mit dem Bau des Wiener Arsenals, hatten die – um 1820 von dem mährischen Unternehmer Alois Miesbach übernommenen – Wienerberger Ziegelwerke zu boomen begonnen und waren mit etwa viertausendfünfhundert Arbeiterinnen und Arbeitern bald die größte Ziegelfabrik des Kontinents. Die Mechanisierung der Arbeit ging allerdings nur langsam voran – auch deshalb, weil die Arbeiterinnen und Arbeiter aus den bäuerlichen Gegenden in Böhmen und Mähren so billig waren. Die Pfarrmatriken von Inzersdorf sind voll mit slowakischen und tschechischen Namen wie eben Dwořak und Pavlik – Menschen, die in dieser Zeit zu Hunderten nach Inzersdorf kamen, um hauptsächlich in den Ziegelfabriken zu arbeiten. Während die sozialen Einrichtungen des patriarchal und feudal geprägten Alois Miesbach in Form von Wohnhäusern, Krankenhäusern und einer »Kinderbewahrungsanstalt« etc. noch durchaus bemerkenswert waren, begann sein Erbe Heinrich Drasche, der ab 1857 das Unternehmen leitete, schon viel klarer ein kapitalistisches Unternehmertum umzusetzen, dem es vornehmlich um Produktionssteigerung ging. Bis etwa 1867 waren die Lebens- und

Arbeitsbedingungen noch tragbar, ja, verbesserten sich sogar, doch in den folgenden Jahren zeigt eine hohe Sterberate (wie auch eine erneut sehr hohe Kindersterblichkeit), dass es zu einer deutlichen Verschlechterung der Umstände gekommen war. Die zunehmend verschärfte Ausbeutung und daraus resultierende soziale Not hatte nicht zuletzt mit dem Übergang der Wienerberger Ziegelfabriks- und Baugesellschaft in den Besitz einer Aktiengesellschaft im Geburtsjahr von Adelheid Dwořak zu tun. Inzersdorf war zwar nicht Manchester, doch »die Straße« zu den Werken mit ihren Satellitensiedlungen kam wohl den Vorstellungen am nächsten, die schlagwortartig mit der Industrialisierung im frühen 19. Jahrhundert assoziiert werden: Schmutz, Rauch, Gestank und Lärm der Fabriken, ununterbrochene Aktivität Tag und Nacht, schlecht gekleidete, erschöpfte, betrunkene, kranke Menschen, eine tägliche Arbeitszeit von zwölf bis sechzehn Stunden, Seuchen, Verletzungen aller Art, Unbildung, Gewalt, unbetreute, oft ungewollte Kinder, selbstverständliche Kinderarbeit und Frauen, die so hart wie Männer arbeiteten und noch die Hausarbeit und Kinderversorgung erledigen mussten. Friedrich Engels beschrieb 1844 in »The Condition of the Working Class in England« die Rohheit des Lebens in Manchester. Etwa vierundvierzig Jahre später verschaffte sich Victor Adler heimlich Zutritt zu den Werken und Wohnungen der Ziegelarbeiter und Ziegelarbeiterinnen in Inzersdorf und beschrieb deren Elend in ähnlichen Worten und Bildern:

»Der Hunger und das Elend, zu dem sie verdammt sind, wird noch entsetzlicher durch die Wohnungen, in welche sie von der Fabrik […] zwangsweise eingepfercht werden. […] In einem dieser Schlafsäle, wo 50 Menschen schlafen, liegt in einer Ecke ein Ehepaar. Die Frau hat vor zwei Wochen in demselben Raum in Gegenwart der 50 halbnackten, schmutzigen

Männer, in diesem stinkenden Dunst entbunden! Sprechen wir nicht von der Schamhaftigkeit, sie ist ein Luxus, den sich nur die Besitzenden gestatten können. Das Leben der Mutter ist durch eine Geburt unter solchen Umständen bedroht. Aber was liegt an einem armen Weibe!«

Es ist interessant, dass Adelheid Popp, obwohl sie mitten unter ihnen lebte, die Ziegelarbeiterinnen und Ziegelarbeiter, die den Kern der Inzersdorfer Unterschicht bildeten, in ihren Erinnerungen nicht erwähnt. Das könnte daran liegen, dass diese durch die Unterstützung Victor Adlers zur Zeit der Entstehung der Autobiografie bereits gewerkschaftlich viel durchgesetzt hatten und kein brennendes Thema mehr waren. In ihrem Inzersdorf kommen sie jedenfalls nicht vor, obgleich die Weberfamilie Dwořak im Haus 163 an »der Straße« (Triester Straße) inmitten der Lebenswelt der Fabrik wohnte, wo nichts verborgen blieb und die Erfolge und Niederlagen der Bewohner inmitten einer unübersichtlichen Umgebung für alle Nachbarn stets sichtbar waren.

Und so stellt sich auch die Frage, ob Adelheid Popps Geburt am 11. Februar 1869 ähnlich aussah wie jene, die Victor Adler später beschrieb? Wahrscheinlich ist es nicht. Die Familie dürfte zwar kein Haus, aber doch ein Zimmer für sich allein bewohnt haben. Abseits der geprüften Hebamme Franziska Kaurzil waren also wohl hauptsächlich Familienmitglieder anwesend, als Anna Dwořak ihr letztes Kind auf die Welt brachte. Möglicherweise waren der zwölfjährige Bruder Carl Wenzl[5] und der zehnjährige Engelbert[6] wie auch zwei Halbbrüder bereits arbeiten und der siebenjährige Franz[7] in der Schule.

---

5 Carl Wenzl Dwořak, geb. 11. September 1857.

6 Engelbert Dwořak, geb. 6. Oktober 1859.

7 Franz Serafin Dwořak, geb. 21. März 1862.

Der fünfjährige Albert[8] und die zweijährige Magdalena[9] waren vielleicht bei Nachbarn, vielleicht aber auch nicht. Immerhin war es Anna Dwořaks dreizehnte nachweisbare Geburt. Ihre Tochter schrieb später, dass sie »unter schrecklichen Verhältnissen alle zwei Jahr ein Kind geboren hatte, das sie dann sechzehn bis achtzehn Monate an ihren Brüsten nährte, um länger vor einem neuen Wochenbett bewahrt zu bleiben«. (123) Die sehr religiöse, puritanisch wirkende Anna Dwořak wusste also offenbar einiges über Emfängnisverhütung, soweit diese im 19. Jahrhundert gegen kirchliche und politische Widerstände praktiziert werden durfte. An anderer Stelle sprach Adelheid Popp auch von sich als dem fünfzehnten Kind, das ihre Mutter »im Alter von 47 Jahren« geboren habe. (67) Folgt man den Pfarrmatriken, so war Anna Dwořak zwei Jahre jünger und es lassen sich insgesamt »nur« dreizehn Kinder nachweisen – eines davon verstarb »gleich nach der Geburt« oder war womöglich sogar eine Totgeburt, die allerdings wie üblich falsch ausgewiesen wurde, um noch eine Nottaufe und ein kirchliches Begräbnis zu ermöglichen.[10]

Ergibt ein Kind mehr oder weniger ein falsches Bild? Wurde hier falsch erinnert, überliefert oder wurden Fehlgeburten mitgezählt, die nicht nachgewiesen sind? Wurden die Indizes in den Pfarrbüchern schlampig geführt? Wurde bei der Recherche einfach einmal der Name, der immer wieder anders geschrieben wurde (Koubeschka, Cubeschka), übersehen? Ein unauffindbares Kind mehr oder weniger erscheint heute viel – oder doch nicht, wenn man sich vergegenwärtigt, dass es sich um Migrantenkinder handelte? Eine Geschichte von Schmerz,

8 Adalbert Dwořak, geb. 29. Oktober 1864 (in der Autobiografie Albert genannt).

9 Magdalena Dwořak, geb. 3. Februar 1867.

10 Namenlos, geb. und gest. 29. Oktober 1863.

Leid und Entbehrungen erzählen jedenfalls auch sieben tote Kinder.

Als Adelheid eineinhalb Jahre alt war, verstarb ihre dreijährige Schwester Magdalena an Tuberkulose. Sie war damit das (nachweisbar) fünfte Kleinkind, das Anna Dwořak verlor.[11] Es ist unwahrscheinlich, dass sich Adelheid Popp später an diesen Tod erinnerte oder dass ihr viel von den verstorbenen Geschwistern erzählt wurde. Vielleicht auch weil sie die Jüngste war, bildete die extrem hohe Kinder- und Säuglingssterblichkeit – die 1850 in der westlichen Reichshälfte bei 46,5 Prozent und 1870 bei 48,5 Prozent lag und in Niederösterreich, Böhmen und Mähren besonders hoch war – abseits der beiden zitierten Passagen eine Leerstelle in ihrer Autobiografie. Der Verlust einer ganzen Familie gehörte zu einem anderen Leben und zu jener anderen Welt, aus der ihre Mutter kam – und von der in Inzersdorf wohl nicht mehr oft die Rede war.

Anna Dwořak, Witwe des Joseph Kubeschka, hatte – so legt es der Eintrag in den Taufbüchern nahe, eine Vorgeschichte. Es ist die Geschichte einer ganz anderen Familie, die im heutigen 15. Wiener Gemeindebezirk begann. Die Vororte Reindorf, Rustendorf oder Fünfhaus hatten damals noch landwirtschaftlichen Charakter, doch es entwickelten sich hier Ende des 18. Jahrhunderts kleine Industriezentren – entlang des Wienflusses ließen sich etwa verschiedene Textilbetriebe, Bleichereien, Färbereien und Stoffdruckereien nieder. Das führte dazu, dass auch zahlreiche Weber sich dort ansiedelten, denen das Leben in den alten Gewerbevorstädten Schottenfeld und Gumpendorf zu teuer geworden war. Unter ihnen war der »katholische Webermeister« Joseph Kubeschka, Sohn von Bauersleuten aus Großluschitz in Zentralböhmen, der im

11 Magdalena Dwořak, gest. 31. Juli 1870.

Zuge jener Massenmigrationen, die die europäischen Gesellschaften in der zweiten Hälfte des 19. Jahrhundert kennzeichnen, nach Fünfhaus gekommen war und hier am 6. November 1943 die neunzehnjährige Anna Wrabecz heiratete. Auch Anna Wrabecz kam aus Zentralböhmen und war Angaben ihrer Tochter nach: »Früh verwaist, [...] mit sechs Jahren in den Dienst gekommen; sie hatte nie eine Schule besucht und konnte daher weder lesen noch schreiben.« (47) Für junge Frauen wie Wrabecz war das Leben vorgezeichnet – auf dem Land kam eigentlich nur der Gesindedienst infrage und eigentlich konnte nur ein gut gewählter Ehemann die Position in der sozialen Hierarchie verändern. Ob sich der mit siebenunddreißig Jahren doch deutlich ältere Kubeschka eine Braut aus seiner Herkunftsgegend holte, ob Anna Wrabecz zuvor auf anderen Wegen nach Fünfhaus gekommen war, wie sie sich kennenlernten, ob er sie schon vor der Hochzeit schwängerte – zu all dem verraten die Matriken nichts. Das erste Kind, nach dem Vater und den Großvätern Joseph[12] getauft, kam jedenfalls fast exakt ein Jahr nach der Hochzeit zur Welt. Johann Rosenberger, ein Webermeister aus Braunhirschen, war sein Pate – er und seine Frau Barbara Rosenberger würden auch bei allen folgenden Kindern der Kubeschkas die Patenschaft übernehmen. Man war also in seinem Milieu, auch die Adresse der Familie blieb relativ stabil, was vorerst darauf hindeutet, dass die Arbeit gut lief, die Familie sich etablierte. Knapp eineinhalb Jahre später folgte im August 1846 der zweite Sohn Carl.[13] Beide Buben starben kaum zwei Jahre später und im Abstand von nicht einmal zwei Wochen im März des Revolutionsjahres 1848 an der Lungensucht (Tuberkulose) beziehungsweise an

12 Joseph Kubeschka, geb. 27. November 1844.
13 Carl Kubeschka, geb. 8. August 1846.

Fraisen.[14] Letzteres bezeichnete umgangssprachlich (Fieber-) Krämpfe, war aber eigentlich eine Sammelbezeichnung für die heterogensten Todesursachen, die für ein Viertel aller Sterbefälle verwendet wurde. Überhaupt bleiben die Bezeichnungen unscharf, stereotyp und lassen eher Rückschluss auf Symptome ziehen als auf die wirklichen Todesursachen.

Anna Kubeschka war nur wenig später wieder schwanger und brachte im Dezember 1848 ihre erste Tochter, Leopoldine Barbara, zur Welt.[15] Im November 1850 folgte ein weiteres Mädchen, Barbara.[16] Beide Mädchen starben im Frühjahr 1851 im Abstand von etwa vier Wochen an Auszehrung (Schwindsucht, also Tuberkulose) beziehungsweise an Masern.[17] Im Frühjahr 1852 und im Spätherbst 1853 kamen nochmals zwei Buben zur Welt, die wiederum nach dem Vater Joseph[18] beziehungsweise Johann Evangelist[19] genannt wurden. Der nächste Joseph Kubeschka, der im Sterbebuch von 1854 verzeichnet ist, war allerdings nicht das Kind, sondern der Webermeister selbst, der mit achtundvierzig Jahren an Lungensucht (Tuberkulose) starb.[20] Während die extreme Häufung dieser Tode durchaus typisch ist, ist es bemerkenswert, dass fast alle Kinder Anna Kubeschkas über ein Jahr alt wurden. Neben ihnen sind die Seiten der Sterbebücher gefüllt mit den oft ledigen, sogenannten Findelkindern von Fabriksarbeiterinnen und Tagelöhnerinnen, die kaum älter als wenige Stunden, Tage, Wochen wurden.

14 Joseph Kubeschka, gest. 5. März 1848; Carl Kubeschka, gest. 16. März 1848.

15 Leopoldine Barbara Kubeschka, geb. 23. Dezember 1848.

16 Barbara Kubeschka, geb. 29. November 1850.

17 Leopoldine Barbara Kubeschka, gest. 17. April 1851; Barbara Kubeschka, gest. 22. Mai 1851.

18 Joseph Kubeschka, geb. 3. März 1852.

19 Johann Evangelist Kubeschka, geb. 15. November 1853.

20 Joseph Kubeschka, gest. 31. März 1854.

Anna Kubeschka war nun eine Witwe mit zwei kleinen Buben, über deren weiteres Schicksal nichts in Erfahrung zu bringen ist. Erst im Juni 1857 hinterließ sie wieder eine Spur – diesmal im Verzeichnis der Trauungen. Sie hatte offenbar im vorangegangenen Jahr Adalbert Dwořak, einen vierzigjährigen Webergesellen, näher kennengelernt, wobei man sich im kleinen Fünfhaus womöglich schon vorher begegnet war. Die beiden wohnten nun zusammen in Rustendorf und für eine Heirat war es höchste Zeit – die dreiunddreißigjährige Braut war bereits sechs Monate schwanger.[21] Am 11. September wurde Carl Wenzl, der erste Sohn des Paares, noch in Rustendorf geboren[22] – im Taufbuch wurde vermerkt: »Daß Adalbert Dworak als Vater dieses Kindes sich erklärt und eigenhändig unterschrieben habe, bestätigen nachstehend zwei rechtliche Zeugen, die ihn der Person und dem Namen nach wohl kennen.« Johann Zellner, ein Webermeister, und Josef Czertschak, ein Weber aus Rustendorf, unterzeichneten. – Steht hier die Geschichte einer Liebe – wie auch immer sie damals und heute definiert wird – oder einer Erpressung zwischen den Zeilen? Nötigte Anna Kubeschka, die auch in den Erinnerungen ihrer Tochter als resolute Frau erscheint und sich später für ihre Tochter »kein anderes Los vorstellen [konnte] als eine gute Ehe«, Dwořak zur Hochzeit? Wollte sie eine Absicherung für sich und ihre Kinder? Ging es ihr, die doch »sehr an dem Schein« hing (123), darum, den Anstand zu wahren? Oder hatte er sie in eine sexuelle Beziehung hineingezwungen und drängte – als einer der überzähligen, älteren ledigen Männer – zur Heirat? Bedeutete es einen sozialen Abstieg, nun nur die Frau eines »Webergesellen« zu sein? Inzwischen zeichnete sich wohl schon deutlich ab, dass die fortschreitende Mechanisierung das

21 Heirat Adalbert Dwořak/Anna Kubeschka, 7. Juni 1857.

22 Carl Wenzl Dwořak, geb. 11. September 1857.

Weberhandwerk weitgehend obsolet machte, auch wenn der Industrialisierungsprozess in Österreich-Ungarn langsamer ablief und das Kleingewerbe nach wie vor dominant war.

Unklar bleibt auch, warum das Ehepaar nun in das über eine Stunde Fußweg entfernte Inzersdorf zog. Die Verbindungen nach Rustendorf wurden nämlich vorerst aufrecht erhalten und so wurde etwa Webermeister Wenzl Wetzko aus Rustendorf nicht nur Pate von Carl Wenzl, sondern auch des bereits in Inzersdorf geborenen Sohnes Engelbert. Und für die nächsten beiden Buben – Franz und Adalbert – standen wiederum Rustendorfer (das Webermeisterehepaar Franz und Katharina Janu) Pate. Womöglich lieferte Adalbert Dwořak weiterhin seine Ware dorthin, konnte sich aber die Unterkunft vor Ort nicht mehr leisten? Oder hoffte er doch auf andere, bessere Arbeitsmöglichkeiten in Inzersdorf und verdingte sich sogar zeitweise in der Ziegelfabrik? Dann wäre seine Berufsbezeichnung »Webergeselle« in den Taufbüchern nur noch so etwas wie Standesdünkel?

Die in Inzersdorf geborenen Kinder des keineswegs mehr jungen Ehepaars Dwořak erreichten nun alle, abgesehen von Magdalena und dem tot geborenen Kind, das Erwachsenenalter. Sie überlebten sogar die Cholera-Epidemie von 1873, die allerdings fast ausschließlich die Ziegelarbeiterinnen und Ziegelarbeiter traf. Eine gewisse Abgrenzung schien es also doch gegeben zu haben. Allein die Spuren der beiden Söhne aus erster Ehe, Joseph und Johann Kubeschka, verlieren sich. Wurden sie in Rustendorf bei ihren Paten oder einem Vormund zurückgelassen? Oder wuchsen sie in Inzersdorf bei der Familie Dwořak auf? Ständige Umzüge – fast jeder Eintrag im Taufbuch nennt eine neue Hausnummer an der Triester Straße: 131, 163, 164 usf. – weisen darauf hin, dass die Familie nicht zur Ruhe kam, es keine sichere finanzielle Basis gab. Ab 1873 wurde die Wirtschaftskrise nach dem Ende der ersten Gründerzeit auch in Inzersdorf spürbar und auch, dass die anderen Gewerbetreibenden in der Gegend von der Kaufkraft der Ziegelarbeiterinnen und Ziegelarbeiter sehr abhängig waren. Es waren Jahre des finanziellen und sozialen Abstiegs. Adalbert Dwořak war als gewalttätiger Trinker keine Ausnahmeerscheinung in dieser Welt. In dem Wunsch der Mutter, Adelheid, »ihrem jüngsten Kinde, auch einmal [zu] zeigen, was das Christkind ist« (44), wird deutlich, dass es andere Weihnachtsfeste als das schreckliche, von Adelheid Popp erinnerte, gegeben haben muss und dass Anna Dwořak als Webermeisterehegattin in Fünfhaus vielleicht noch ab und zu die Möglichkeit hatte, kleinbürgerliche Familienverhältnisse zu inszenieren.

Im Mai 1875, da war Adelheid Dwořak sechs Jahre alt, starb ihr Vater an einer Zellgewebsentzündung.[23] Anna Dwořak hatte nun zwei Ehemänner überlebt, obwohl statistisch die Lebenserwartung der Arbeiterinnen niedriger lag als die der Arbeiter, bedingt durch zehrende Schwangerschaften (durchschnittlich waren es neun), Abtreibungen und die Mehrfachbelastung durch Lohnarbeit, Hausarbeit und Kinderbetreuung (durchschnittlich überlebten fünf). »Meine Mutter hatte viel Willenskraft und angeborenen Verstand. Sie war beseelt von dem Wunsche, zu zeigen, dass auch eine Mutter Kinder ernähren könne.« (46) Noch mehr als das zuvor der Fall gewesen zu sein scheint, wurde die verbleibende Familie zur Arbeits- und Produktionsgemeinschaft. Die Arbeit hatte Vorrang vor Bildung und vor allem wollte Anna Dwořak von niemandem abhängig sein oder sich Vorschriften machen lassen (67). Wie 31,8 Prozent der männlichen und 44,9 Prozent der weiblichen Bevölkerung war sie selbst Halb- oder Analphabetin. Sie dürfte

23 Adalbert Dwořak, gest. 4. Mai 1875.

auch nur sehr beschränkt Deutsch gesprochen haben (122), da das unter den Fabriksarbeiterinnen und Fabriksarbeitern der Triester Straße offenbar auch nicht notwendig war und außerhalb der Sprachinsel die Kinder die Kommunikation übernahmen. Dass diese wiederum nicht Tschechisch sprachen, weist darauf hin, dass es eigentlich keine gemeinsame Sprache und generell wenig Austausch in der Familie gab. Kinder starben oder hatten mitzuarbeiten. Mit 50,9 Prozent hatte die Textilindustrie den höchsten Anteil an Kinderarbeit und so arbeiteten drei Brüder Adelheid Popps ab einem Alter von zehn Jahren dem Vater in Heimarbeit zu. 1874 gab es beim zehnjährigen Albert erstmals Schwierigkeiten, ihn von der Schulpflicht zu entbinden, aber der Tod des Vaters dürfte noch als Argument gegolten haben. Bei Adelheid wurde es Ende der 1870er noch schwieriger und die Schulleitung – genauer gesagt der Oberlehrer Georg Freund, seit 1872 im Amt – erstattete Anzeige. Wie viele Volksschullehrer war Freund deutschnational und so hatte er mit seiner Anzeige, die zwar zum Arrest der Mutter, aber sonst zu keiner Verbesserung führte, womöglich nicht nur hehre Motive. Auf ihn wird noch zurückzukommen sein. Die »Schande« der Verhaftung wog für Anna Dwořak jedenfalls viel schwerer als die »Schande« zu betteln oder von Wohltätigkeit abhängig zu sein. Unterstützungen einer mildtätigen Herzogin, die in einem etwa eine Stunde entfernten Dorf ein Schloss bewohnte, oder Bescherungen eines reichen Fabrikanten zu Weihnachten waren mit den feudal geprägten, konservativen Anschauungen von Anna Dwořak schon besser zu vereinbaren. Sie waren im katholischen Österreich-Ungarn üblich und so ist es auch schwer, die Wohltäterinnen und Wohltäter zu identifizieren.

Der Tod ihres jüngsten Sohnes Albert Dwořak mit über zehn Jahren – also eigentlich in einem Alter, in dem die Lebenserwartung stark anstieg – gab wohl den letzten Anstoß, um Inzersdorf zu verlassen. Anna und Adelheid Dwořak zogen nach Wien und dort wurde aus der Tochter einer Weberfamilie eine Fabriksarbeiterin – ein ganz typischer Ablauf. Adelheid Popp, die schon in Inzersdorf nach der Schule Hausarbeiten erledigt, Strümpfe gestrickt, kleinere Kinder beaufsichtigt, Botengänge gemacht und Perlmuttknöpfe auf Gold- und Silberpapier genäht hatte, begann in Wien ein Jahr lang als Schafwollhäklerin in Heimarbeit, wurde zwei Jahre (jedenfalls vorgeblich) das Posamentiergewerbe gelehrt, blieb zehn Monate in einer Bronzewarenfabrik, wo sie schwer krank wurde. Sie versuchte sich jeweils kurzfristig in einer Metalldruckerei, in einer Patronenfabrik, in »einer Kartonagenfabrik, bei einem Schuhfabrikanten, bei einer Fransenknüpferin [...] und noch bei vielen anderen Berufen« (67). Sie sollte nochmals Weißnähen lernen, wurde in dem Betrieb aber als Kindermädchen verwendet. Sie erlebte in einer Glas- und Schmirgelpapierfabrik sexuelle Belästigung und kam 1884 langfristig in einer Kork(stoppel)fabrik an, in der sie schließlich sogar zur Kontoristin aufstieg und die sie erst 1892 verließ, um die Schriftleitung der *Arbeiterinnen-Zeitung* zu übernehmen.

Schreiben

1882, also viele Jahre vor Popp, brachte übrigens der Inzersdorfer Oberlehrer Georg Freund im Selbstverlag ein Buch über Inzersdorf heraus. Möglicherweise gelangte dieses Werk des deutschnational-konservativen Patrioten – der die Bewohnerinnen und Bewohner der Häuser an der Triester Straße kritisch sah und für den auch die in Inzersdorf keineswegs zahlreichen »Israeliten« ein Problem waren – nie in Adelheid Popps Hände.

Dennoch ist es bemerkenswert, wie sehr Freunds erster Satz die Antithese zu den ersten Sätzen der »Jugend einer Arbeiterin« bilden. »Es ist eine anerkannte Thatsache, daß jeder Mensch mit besonderer Liebe an dem Fleckchen Erde hängt, wo er geboren und erzogen wurde …«

Freund erzählte in Folge akribisch die Geschichte seines Inzersdorf Jahrtausende zurück, beschrieb in liebevollsten Details die alten Kirchen und Rieden, pittoreske Höfe und Schlösser, altehrwürdige Herrschaften (wie das Geschlecht der Ritter von Inzersdorf) und Honoratioren des Dorfes: Der Ort – so sein Blick – sei ziemlich regelmäßig gebaut und mache wegen seines freundlichen Aussehens und der Nettigkeit seiner Straßen und Trottoirs einen sehr angenehmen Eindruck. Es ist ein Inzersdorf, in das eine Adelheid Popp kaum hineinpasst – und doch ist es derselbe Ort.

Für Adelheid Popp wurde die Sozialdemokratie zum Zuhause, das sie autobiografisch beschrieb. Wenn eine Autobiografie *der* Ort der Identifikation mit Geschlecht, Nation oder Ideologie ist, so stehen Popp und Freund in Bezug auf Geschlecht, Nation und Ideologie klar gegeneinander. Die hier zugespitzten Konflikte prägten das folgende 20. Jahrhundert und wirken immer noch fort.

Adelheid Popp schrieb auch weiter autobiografisch. Ihre 1915 erschienenen »Erinnerungen« stehen bereits unter dem Eindruck des Ersten Weltkriegs, ihre 1934 verfassten »Blätter der Erinnerung« unter dem Eindruck der Zerstörung ihres Lebenswerks im Austrofaschismus und später im Nationalsozialismus. Aber diese Bücher haben und erzählen eine ganz andere Geschichte.

Adelheid Popp

Die Jugendgeschichte einer Arbeiterin

Ein Geleitwort

Als der Pfarrer außer Dienst, unser jetziger Parteigenosse *Goehre,* zu Anfang der neunziger Jahre seine Schrift erscheinen ließ: »Drei Monate Fabrikarbeiter«, in der er zeigt, was er in der Rolle eines Fabrikarbeiters während dreier Monate erlebte, machte eine der größten und konservativsten Zeitungen das Geständnis: Wir seien über die Lebensbedingungen der halbwilden afrikanischen Völkerschaften besser unterrichtet als über die unserer eigenen untersten Volksschichten.

Dieser Satz könnte auch auf den Inhalt der vorliegenden Schrift Anwendung finden. Es ist für die höheren Schichten unserer Gesellschaft eine vollkommen neue Welt, die sich vor ihren Augen öffnet, aber eine Welt des Jammers, des Elends, der moralischen und geistigen Verkümmerung, dass man entsetzt sich fragt, wie ist solches in unserer auf ihr Christentum und ihre Zivilisation so stolzen Gesellschaft möglich? Die Verfasserin zeigt uns diese unterste Schicht, auf der unsere Gesellschaft aufgebaut ist, in der sie geboren wurde und ein halbes Menschenalter lebte. Wir sehen aber auch, wie sie trotz der traurigen Zustände in ihrer Umgebung vermochte, sich zu befreien und sich zur Vorkämpferin ihres Geschlechts emporzuarbeiten, als die sie heute von allen, die sie kennen, geachtet und anerkannt wird.

Ich habe selten mit tieferer Regung eine Schrift gelesen als die unserer Genossin! Mit brennenden Farben schildert sie die Not des Lebens, die Entbehrungen und moralischen Misshandlungen, denen sie als armes Proletarierkind ausgesetzt war und die sie als Proletarierin doppelt und bis auf die Hefe zu kosten bekam. Ihre Kindheit bringt sie in einem Raum zu, der die Bezeichnung menschlich nicht verdient, sie besitzt einen Vater, der ein Trinker ist und für seine Familie kein Herz hat, sie hat eine Mutter, die zwar brav und fleißig ist, die den ganzen Tag sich abrackert und schuftet, um die Familie über Wasser zu halten, die aber aus Sorge für die Existenz der Familie und infolge mangelnder Erziehung allen geistigen Interessen nicht nur gleichgültig, sondern feindlich gegenübersteht und kein Verständnis für das Streben ihrer Tochter hat, sich aus der menschenunwürdigen Lage zu befreien, in die sie das Schicksal warf.

Und diese Befreiung gelang ihr aus eigener Kraft, durch eisernen Fleiß und unermüdliche Selbstausbildung. Die Lücke ihrer sehr mangelhaften Schulbildung füllt sie in überraschender Weise aus. Die Bande der Kirche, in die sie in der Kindheit geschlagen war, zerreißt sie und wird Freidenkerin, die von monarchischer Ehrfurcht Erfüllte wird Republikanerin und des Lebens harte Not und Erfahrungen machen sie zur begeisterten Sozialistin und zur Vorkämpferin für die Befreiung des gesamten Proletariats.

So wird ihr Leben auch ein Beispiel der Nachahmung für viele.

Mit Recht sagt sie am Schlusse ihrer Lebensbeschreibung, dass Mut und Selbstvertrauen in erster Linie notwendig sind, um aus sich selbst etwas zu machen. Gar manche Geschlechtsgenossin könnte ähnliches leisten, wenn Eifer und Begeisterung für den die Menschheit befreienden Sozialismus sie erfüllte.

Eins habe ich an der Schrift auszusetzen: dass die Verfasserin in nicht gerechtfertigter Bescheidenheit ihren Namen verschweigt. Dieser wird zwar kein Geheimnis bleiben, aber ich hielt es für die Verbreitung der Schrift wirksamer, wenn sie, deren Namen alle kennen, mit offenem Visier sagte: So war ich einst, und so bin ich jetzt. Was ich getan, musste ich tun, ihr anderen könnt ähnliches tun, ihr müsst nur wollen.

Mein Wunsch ist, diese Schrift möge in Zehntausenden Exemplaren Verbreitung finden.

Schöneberg-Berlin, 22. Februar 1909
August Bebel

Vorwort der Verfasserin zur dritten Auflage

August *Bebel* habe ich herzlich zu danken, dass er die Verantwortung für meine Jugendgeschichte vor der Öffentlichkeit übernahm, dass er für die Echtheit der Darstellung, für die Richtigkeit der Erzählung bürgte. Er riet mir ab, die Schrift ohne meinen Namen erscheinen zu lassen. Nicht übertriebene Bescheidenheit, deren er mich freundlich zieh, war es, die mich hinderte, mit meinem Namen für meine Jugendgeschichte einzutreten. Ich schrieb die Jugendgeschichte nicht, weil ich sie als etwas individuell Bedeutsames einschätzte, im Gegenteil, weil ich in meinem Schicksal das von Hunderttausenden Frauen und Mädchen des Proletariats erkannte, weil ich in dem, was mich umgab, was mich in schwere Lagen brachte, große gesellschaftliche Erscheinungen wirken sah. Ich habe mich nicht getäuscht, wie die zahlreichen Zuschriften beweisen, die ich von Arbeiterinnen erhielt und die in meinem Schicksal ein Spiegelbild des ihrigen erblickten.

Als die zweite Auflage dieses Büchleins in die Welt ging, rieten mir Freunde und Freundinnen, meinen Namen nicht mehr zu verhehlen, da er doch, wenn auch gegen meinen Willen und nicht in unfreundlicher Absicht, bekannt geworden war. Aber ich widerstand, weil ich noch immer hoffte, dass das Schriftchen als das Lebensschicksal *einer* Arbeiterin, das gleichzeitig das von Hunderttausenden ist, wirken werde. Nun, wo die dritte Auflage in die Lande geht, vermag ich mich doch der Erwägung nicht zu entziehen, dass meine Absicht nicht verstanden werden könnte; dass man nicht begreifen werde, warum das Büchelchen nicht meinen Namen trägt, da meine Verfasserschaft doch längst in weit größeren Kreisen bekannt ist, als ich es vermuten konnte. Nun, da mein Name auf dem Buche steht, habe ich manches nicht mehr zu verschweigen, was ich nicht angeführt habe, weil ich fürchtete, dass man dadurch die Verfasserin erraten könnte. Ich konnte aus der dritten Auflage manche Stellen ausmerzen, die Freunde und Gesinnungsgenossen von dem Gedanken an meine Verfasserschaft ablenken sollten. Dafür habe ich manches Neue hineingearbeitet. Neue Personen treten in den Kreis meiner Schilderung. Meine leider allzu kurze Ehe habe ich geschildert, aber nicht um über mich zu sprechen, sondern um an meinem individuellen Schicksal zu zeigen, dass die öffentliche Tätigkeit der Frau durch die Ehe und durch ihre Pflichten als Mutter und Gattin nicht gehemmt werden muss. Es handelt sich da um eines der großen Probleme der Frauenfrage, um eine der wichtigsten Vorfragen bei der Erörterung vollkommener politischer und gesellschaftlicher Gleichberechtigung der Frau. Es freut mich, dass ich diese Worte niederschreiben kann am siebzigsten Geburtstag Bebels, des größten deutschen Vorkämpfers der Befreiung der Frau.

Am 22. Februar 1910
Adelheid Popp

Vorwort zur vierten Auflage

Die »Jugendgeschichte« erscheint nun im Vorwärtsverlag, was von allem Anfang an mein Wunsch war. Wohl hat der Verleger der ersten drei Auflagen, Herr Ernst Reinhardt in München, das Erscheinen der »Jugendgeschichte« und ihre Verbreitung außerordentlich gefördert, und sicherlich ist sie durch seinen Verlag in Kreise gedrungen, die ein Parteiverlag vielleicht nicht erreicht hätte. Mein Herzenswunsch aber war der Parteiverlag, da ich ja mit meinem bescheidenen Werke in allererster Linie auf die arbeitenden Frauen und Mädchen wirken wollte.

Zu meiner Freude kann ich sagen, dass dieses Ziel erreicht wurde, viele Tausende Proletarierinnen haben die »Jugendgeschichte« gelesen, und zahlreiche Briefe des In- und Auslandes haben mir bestätigt, dass viele Frauen erst durch die »Jugendgeschichte« auf die Arbeiterbewegung aufmerksam gemacht und für sie gewonnen wurden. Aber nicht nur in deutscher Sprache, sondern auch in vielen Sprachen des Auslandes ist die »Jugendgeschichte« in Druck erschienen. Um die englische Übersetzung hat sich die leider zu früh verstorbene Genossin MacDonald verdient gemacht, die französische Übersetzung ist knapp vor Kriegsausbruch in Genf erschienen und wurde von der französischen Parteipresse anerkennend begrüßt. Eine englische Übersetzung erschien auch im sozialistischen Tagblatt Chicagos, eine italienische Übersetzung in einem italienischen Tagblatt. Buchausgaben sind in schwedischer, flämischer, ungarischer, tschechischer, polnischer, rumänischer und serbischer Sprache erschienen. Die jüdische Bewegung in Amerika hat ebenfalls eine Übersetzung erscheinen lassen. Unmittelbar vor Kriegsausbruch sollte eine russische Übersetzung erscheinen, doch habe ich nicht Kunde erhalten, ob diese von mehreren Seiten betriebene Absicht verwirklicht wurde.

Wie sehr mich dieser Erfolg der »Jugendgeschichte« beglückt, kann ich umso mehr sagen, als ihre Entstehung nicht mein Verdienst ist. Nicht einmal meine Idee. Genosse Dr. Adolf Braun, der damals in Österreich wirkte, ist es, dem ich die Anregung und die Ermutigung zu dieser Arbeit verdanke. Ohne seine Anfeuerung hätte ich nie gewagt, die Öffentlichkeit mit meinen Erinnerungen zu behelligen, da ich ja weiß, dass das Schicksal der Proletarierinnen um die Zeit, in der meine »Jugendgeschichte« spielt, ein fast allgemeines war. Tausende könnten dasselbe erzählen, was ich erzählt habe, soweit Leiden und Dulden in Betracht kommen. Wenn ich mich dennoch überzeugen ließ, dass das Niederschreiben meiner Erlebnisse nützlich sein würde, so deshalb, weil zwar Unzählige andere gleich mir leiden mussten, dass aber nur wenige den Weg zur Erhebung und zum Aufstieg aus einer bedrückten und versklavten Jugend fanden. Diesen Weg und die Kämpfe zu zeigen, die er erfordert, aber auch die Möglichkeit eines siegreichen Gelingens rechtfertigte für mich den Schritt, von mir selbst zu reden.

Vieles ist seither anders geworden. Die rechtliche Stellung der Frau hat eine vollständige Umgestaltung erfahren. Die Arbeiterin ist zwar noch immer ausgebeutet, das Los der verheirateten Proletarierin ist noch immer ein zweifach bedrücktes, aber doch zeigt sich schon der Weg zu einer besseren Gesellschaftsordnung. Können wir einmal die Verarmung als Folgeerscheinung des Krieges und der Friedensverträge abschütteln, dann wird der Weg offen sein, auf dem die Arbeiterin, die Frau und Mutter rascher der Erlösung entgegengehen kann.

Die noch Zaghaften und Zögernden anzufeuern, ihnen Mut

und Zuversicht zu geben, soll auch durch die Neuauflage der »Jugendgeschichte« bewirkt werden.

Wien, im Juni 1922
Die Verfasserin

Die Jugendgeschichte einer Arbeiterin

Die meisten Menschen, wenn sie unter normalen Verhältnissen herangewachsen sind, denken in Zeiten schwerer Schicksalsschläge mit Dankbarkeit und Rührung an die schöne, glückliche, sorgenlose Jugendzeit zurück und seufzen wohl auch verlangend: Wenn es nur noch einmal so würde!

Ich stehe den Erinnerungen an meine Kindheit mit anderen Gefühlen gegenüber. Kein Lichtpunkt, kein Sonnenstrahl, nichts vom behaglichen Heim, wo mütterliche Liebe und Sorgfalt meine Kindheit geleitet hätte, ist mir bewusst. Trotzdem hatte ich eine gute, aufopferungsvolle Mutter, die sich keine Stunde Rast und Ruhe gönnte, immer getrieben von der Notwendigkeit und dem eigenen Willen, ihre Kinder redlich zu erziehen und sie vor dem Hunger zu schützen. Was ich von meiner Kindheit weiß, ist so düster und hart und so fest in mein Bewusstsein eingewurzelt, dass es mir nie entschwinden wird. Was anderen Kindern Entzücken bereitet und glückseligen Jubel auslöst, Puppen, Spielzeug, Marchen, Näschereien und Weihnachtsbaum, ich kannte das alles nicht, ich kannte nur die große Stube, in der gearbeitet, geschlafen, gegessen und gezankt wurde. Ich erinnere mich an kein zärtliches Wort, an keine Liebkosung, sondern nur an die Angst, die ich, in einer Ecke oder unter dem Bett verkrochen, ausstand, wenn es eine häusliche Szene gab, wenn mein Vater zu wenig Geld nach Hause brachte und die Mutter ihm Vorwürfe machte. Mein Vater war jähzornig, er schlug dann die Mutter, die oft nur halb angekleidet fliehen musste, um sich bei Nachbarn zu verbergen. Dann waren wir einige Tage allein mit dem grollenden Vater, dem man sich nicht nähern durfte. Zu essen gab es dann nicht viel, mitleidige Nachbarn halfen uns, bis die Mutter, von der Sorge um ihre Kinder und den Hausstand getrieben, wieder kam.

Solche Szenen kehrten fast jeden Monat und auch früher wieder. Mein ganzes Herz hing an der Mutter; vor dem Vater hatte ich eine unbezwingliche Scheu, und ich erinnere mich nicht, ihn je angeredet zu haben oder von ihm angesprochen worden zu sein. Meine Mutter sagte mir später, dass es ihn ärgerte, dass ich, das einzige Mädchen unter fünf am Leben gebliebenen Kindern, dunkle Augen wie meine Mutter hatte.

Ein Weihnachtsabend, an dem ich noch nicht ganz fünf Jahre alt war, ist mir noch immer in Erinnerung. Beinahe hätte ich dieses eine Mal einen Weihnachtsbaum bekommen. Meine Mutter wollte mir, ihrem jüngsten Kinde, auch einmal zeigen, was das Christkind ist. Wochenlang hatte sie immer einige Kreuzer zu erübrigen getrachtet, um ein kleines Kochgeschirr für mich zu kaufen. Der Weihnachtsbaum war geschmückt mit bunten Papierketten, vergoldeten Nüssen und mit dem bescheidenen Spielzeug behängt. Mit dem Anzünden der Lichter wurde auf den Vater gewartet, der zum Fabrikanten gegangen war, um Ware abzuliefern. Er sollte Geld bringen. Es wurde sechs Uhr, dann sieben und endlich acht Uhr, der Vater kam nicht. Wir waren alle hungrig und verlangten zu essen. Wir mussten die guten Mohnnudeln, Äpfel und Nüsse allein ohne den Vater essen, worauf ich zu Bette gehen musste, ohne dass die Lichter auf dem Weihnachtsbaum gebrannt hätten. Die Mutter war zu missgestimmt und zu sorgenvoll, um den Baum anzuzünden. Ich lag schlaflos in meinem Bette; ich hatte mich so auf das Christkind gefreut, und nun war es ausgeblieben. Endlich hörte ich den Vater kommen, er wurde nicht freundlich empfangen, und es kam wieder zu einer heftigen Szene. Er hatte weniger Geld gebracht, als die Mutter erwartet hatte, dann war er unterwegs in ein Gasthaus gegangen. Er hatte fast zwei Stunden zu gehen und wollte sich einmal erwärmen. Er war dann länger sitzen geblieben, als er zuerst gewollt, und kam angetrunken nach Hause. Ich guckte bei dem Lärm, der sich nun erhob, von meiner Schlafstelle nach den Eltern – und da sah ich, wie der Vater mit einer Hacke den Weihnachtsbaum zerschlug. Zu schreien wagte ich nicht, ich weinte nur, weinte, bis ich einschlief.

Am nächsten Tag empfand mein Vater wohl Mitleid mit mir, denn er gab mir einige Kreuzer, wofür ich mir Blechgeschirr kaufen durfte. Mitleidige Menschen schenkten mir dann auch eine Puppe und anderes Spielzeug, das für ihre Kinder schon durch schöneres, prächtigeres ersetzt worden war.

Und noch an eine Bescherung kann ich mich erinnern. Als ich schon in die Schule ging, wurde von einem reichen Mann, der eine große Fabrik besaß, in der viele Hunderte Männer und Frauen arbeiteten, für die armen Schulkinder eine Weihnachtsbescherung veranstaltet. Auch ich gehörte zu den Glücklichen, die mit Naschwerk und wollenen Kleidungsstücken beschenkt wurden. Die große, mächtige Tanne gab mehr Licht, als ich je gesehen hatte, und der Festschmaus, der uns gegeben wurde, brachte uns alle in glückselige Stimmung. Wie dankbar war ich dem guten, reichen Mann, der ein so mildtätiges Herz für die Armen hatte. Als später meine verwitwete Mutter in seiner Fabrik für drei Gulden Wochenlohn täglich zwölf Stunden arbeiten musste, konnte ich noch nicht beurteilen, dass darin die Quelle für seine »Großmut« gelegen war.

Erst viel später kam ich zu dieser Erkenntnis.

Mein Vater wurde von einer bösartigen Krankheit, einem Krebsleiden, befallen, wodurch wir in große Not kamen. Im Krankenhaus wollte der Vater nicht bleiben; da er aber ärztliche Hilfe und Medikamente haben musste, so verschlangen diese fast alles, was verdient wurde, und unsere Verhältnisse gestalteten sich immer jammervoller. Sooft ich mit einem Rezept in die Apotheke geschickt wurde, klagte meine Mutter, wie lange das noch dauern würde. Eines Tages war es so weit, dass der Geistliche geholt wurde, um dem Vater die Beichte abzunehmen und ihn mit den Sterbesakramenten zu versehen. Das war für mich ein großes Ereignis. Alle Hausbewohner knieten in unserem Zimmer und wir mit ihnen. Weihrauch erfüllte die Luft, und das Schluchzen meiner Mutter war zwischen den Gebeten hörbar. Wenige Stunden später starb mein Vater. Die Mutter hatte es ihm nie vergessen, dass er ohne ein versöhnendes Wort für sie und ohne eine Ermahnung an seine Kinder gestorben war.

Ich empfand keine Betrübnis, ja, als ich die von einer wohlhabenden Familie geliehenen Trauerkleider mit Hut und Schleier trug, empfand ich weit eher ein Gefühl der Genugtuung, auch einmal so schön angezogen zu sein. Meine Mutter war jetzt die Ernährerin von fünf Kindern. Mein ältester Bruder war wohl schon achtzehn Jahre alt, aber er konnte uns keine Stütze sein, da er ein im Niedergange begriffenes Handwerk erlernt hatte. Er entschloss sich, sein Glück in der Fremde zu suchen und schnürte sein Bündel. Zwei Brüder, die bisher mit dem Vater zu Hause gearbeitet hatten, kamen in die Lehre, der jüngste, zehnjährige ging in die Schule.

Meine Mutter hatte viel Willenskraft und angeborenen Verstand. Sie war beseelt von dem Wunsche zu zeigen, dass auch eine Mutter Kinder ernähren könne. Ihre Aufgabe war eine unendlich schwere, da sie außer häuslichen Arbeiten nichts gelernt hatte. Früh verwaist, war sie mit sechs Jahren in den Dienst gekommen; sie hatte nie eine Schule besucht und konnte daher weder lesen noch schreiben. Sie war auch eine Feindin der »neumodischen Gesetze«, wie sie die Schulpflicht nannte. Sie fand es ungerecht, dass andere Menschen den Eltern vorschrieben, was sie mit ihren Kindern zu tun hätten. In diesem Punkte hatte mein Vater ihre Anschauung geteilt, und meine Brüder hatten ihm schon mit zehn Jahren bei seiner Arbeit, der Weberei, helfen müssen. Drei Jahre Schule war nach Ansicht meiner Eltern genug, und wer bis zum zehnten Jahre nichts lernt, lernt später auch nichts, war eine von ihnen oft getane Äußerung.

Auch mein jüngster Bruder musste jetzt aus der Schule austreten, doch hatten sich mittlerweile die Gesetze über die Schulpflicht schon mehr eingelebt, und die Schulbehörde machte Schwierigkeiten. Mit vielen Gesuchen setzte es meine Mutter doch durch, dass er aus der Schule entlassen wurde und als Hilfsarbeiter in eine Fabrik gehen konnte.

Mein Bruder war ein fleißiger Knabe und trachtete, möglichst viel zu verdienen. Er machte bis spätabends Überstunden, und im Sommer ging er an Sonntagen Kegelaufsetzen, wofür er auch bezahlt wurde. Da befand er sich den ganzen Sonntag, oft bis in die Nacht, im Gasthaus und war Zeuge der wilden Raufereien, die gewöhnlich das Ende solcher Sonntagsvergnügungen bildeten. Zur Jagdzeit ging er mit anderen Knaben als Treiber zu den Hasenjagden. Später kam er in eine Lehre in unserem Dorfe, wo er es gut hatte. Eines Tages aber kam er klagend nach Hause. Er war am Glatteis gestürzt und hatte sich das Knie verletzt. Das sollte für ihn der Anfang eines jammervollen Siechtums werden. Da die Schmerzen immer quälender wurden, musste er in das Krankenhaus gebracht werden, von wo er aber nach einigen Wochen wieder heimkam. Er ging wieder arbeiten; da entstand in der linken Rippengegend ein Bläschen, das sich bis zur Eigröße entwickelte und eines Tages während der Arbeit aufbrach.

Jetzt begann eine schwere Zeit für ihn und uns alle. Da war der kranke Bruder und kein Verdienst im Hause. Die Mutter war ohne Arbeit, und mein zweitjüngster Bruder war wegen schwerer Misshandlungen aus seiner Lehre davongelaufen. Das war in einem Winter, in dem lange kein Schnee fiel, sodass auch mit dem Hinwegräumen dieses Himmelsbrotes nichts verdient werden konnte. Meine Mutter scheute keine Mühe, um Arbeit zu finden. Manchmal konnte sie irgendwo Wäsche waschen, da musste ich dann zu Mittag kommen und sie teilte ihre Mahlzeit mit mir. Von den Gasthäusern holten wir uns das Wasser, in dem die Würste gekocht wurden, das gab mit Brot eine uns vorzüglich mundende Suppe. Mein kranker Bruder bekam von mitleidigen Nachbarn Suppe und manch andere guten Dinge. Alle kurierten an ihm. Alle guten und schlechten Hausmittel wurden angewendet. Aus der Stadt holte meine Mutter eine Salbe, die von einer alten Frau zubereitet wurde und förmlich Wunder wirken sollte. Andere kamen und legten ihm gestoßene trockene Zwetschgen mit Zucker vermischt auf die Wunden. Kräuterbäder wurden ihm gemacht, sogenannte Sympathiemittel kamen in Anwendung, alles vergebens, seine Wunden heilten nicht. Da musste ich anfangen, verdienen zu helfen. Ich strickte Strümpfe für andere Leute und machte Botengänge. Was sich nur bot, arbeiteten wir, um nicht der Not zu erliegen.

Als mein zweitjüngster Bruder endlich bei einem Perlmutterdrechsler Arbeit gefunden hatte, wurde auch ich hinbeschieden, um über die Kinder zu wachen. Schließlich wurde mir das Knöpfeaufnähen gelehrt, und ich nähte nun Perlmutterknöpfe auf Silber- und Goldpapier. Das war jetzt immer meine Beschäftigung, wenn ich aus der Schule kam, und auch an schulfreien Tagen. Wenn ich hundertundvierundvierzig Knöpfe, zwölf Dutzend, aufgenäht hatte, so hatte ich einen und einen halben Kreuzer verdient. Auf mehr wie auf 27 Kreuzer in der Woche habe ich es nicht gebracht.

Am Neujahrstag musste ich in unserem Dorfe und in die Umgebung Neujahr wünschen gehen. Das war eine von der ärmsten Bevölkerung geübte Sitte. Man ging nur zu den als wohlhabend oder reich bekannten Familien und sagte dort einen Wunsch auf, wofür man eine Belohnung erhielt. Ich fürchtete mich ganz entsetzlich vor den Hunden, die die Häuser der Reichen bewachten, aber ich war doch bemüht, möglichst viel Geld nach Hause zu bringen. Oft ging ich zu einer Tür hinein, wo soeben ein anderes, ebenso missbrauchtes Kind herausging. Starb ein Schulkind aus einer reicheren Familie, so wurde eine Anzahl armer Kinder bestimmt, die dem Sarge in einem besonderen Zuge zu folgen hatten. Dafür bekam man zehn Kreuzer Belohnung. Einmal, als ich meiner schlechten Schuhe wegen nicht in die Schule ging, schickte die Lehrerin zu uns, dass ich doch zum Begräbnis einer reichen Mitschülerin kommen solle, da ich für diese Teilnahme den hierfür ausgesetzten Betrag erhalten würde. Und ich ging den weiten, schmutzigen, aufgeweichten Weg mit meinen Schuhen, die keine Sohle mehr hatten, um diese wenigen Kreuzer zu bekommen.

In dieser Zeit, da wir in so großem Elend lebten, wurde viel von einer *Herzogin* gesprochen, die in einem etwa eine Stunde entfernten Dorf ein Schloss bewohnte. Man erzählte gern von ihrer Wohltätigkeit. Eine Menge Menschen sollte sie durch ihre Freigebigkeit schon glücklich gemacht haben. Alles, was ich in Märchen von guten Feen gehört hatte, schien in dieser Frau verkörpert zu sein. Meine Mutter ließ sich an sie ein

Gesuch schreiben, das vom Bürgermeister und dem Pfarrer unterschrieben wurde. Es dauerte nicht lange, so erhielten wir eine Unterstützung von fünf Gulden. Meine Mutter war unendlich glücklich über diese Hilfe und sann nach, wie sie sich dafür bedanken könnte.

Es wurde auch die Frage besprochen, ob ich nicht Schuhe bekäme, wenn die Herzogin wissen würde, wie schlecht die meinigen seien. Ich musste einen Brief schreiben, der ungefähr so lautete:

Gnädigste Frau Herzogin!
Weil meine Mutter nicht schreiben kann, so schreibe ich, dass sie sich für die fünf Gulden untertänigst bedanken lässt. Ich bin zehn Jahre alt und kann oft nicht in die Schule gehen, weil ich keine Schuhe habe. Und ich möchte so gerne in die Schule gehen.

Wie auf eine glückspendende Fee wartete ich jetzt Tag um Tag auf eine Nachricht von der Herzogin. Und wirklich. Es kam die Botschaft, dass ich zur Oberlehrerin des Dorfes kommen sollte, in dem sich das Schloss befand. Diese schickte mich zu einem Schuhmacher, und mir wurde Maß genommen für neue Schuhe. Nach einer Woche durfte ich sie mir im Schlosse holen. Die Oberlehrerin belehrte mich vorher, dass ich »Hoheit« oder, wenn ich mir dieses Wort nicht merken sollte, »Gnädigste Frau Herzogin« sagen müsste.

Und so wanderte ich dahin, über die mittlerweile schneebedeckten Wege, die zum Schlosse führten. Ich trug Holzpantoffeln an den Füßen, einen grünen Rock, und über ein dünnes Jäckchen hatte ich ein Tuch von meiner Mutter geschlungen. Auch den Kopf hatte ich in ein Wolltuch gehüllt. Aufgeregt, bang klopfenden Herzens, ging ich durch die Allee von hohen, mächtigen, uralten Bäumen dem Schlosse zu. Schon die Mauern, die es umgaben, flößten mir Gefühle ein, die ich heute vielleicht mit scheuer Ehrfurcht bezeichnen würde. Der Portier, wie ihn die Leute nannten, ließ mich ein und schickte mich eine breite, prächtige Treppe hinauf. Teppiche lagen, wie ich sie noch in keiner Wohnung gesehen; grüne Gewächse schmückten die Wände. Oben nahm mich ein Herr in Empfang, der prächtig gekleidet war. Er trug Kniehosen und einen mit glänzenden Tressen besetzten Rock. »Das muss der Herzog sein«, dachte ich und beeilte mich, ihm die Hand zu küssen, wie mir die Mutter eingeschärft hatte. Er aber wehrte ab; später erfuhr ich, dass es der Kammerdiener war. Er geleitete mich weiter, und wir kamen bei einer Tür vorüber, durch deren Scheiben ich ein Mädchen erblickte, das genauso aussah wie ich. Ein ebenso grüner Rock und ein ebensolches Tuch wie ich hatte hüllten ihre Gestalt ein. An den Füßen trug sie genau solche Holzpantoffeln, wie die meinen waren. Augen und Haare so dunkel, wie ich sie hatte, hatte auch das Mädchen.

Ich erzählte davon meiner Mutter, und wir rieten hin und her, wer das sein könnte. Da wir aber keine Ahnung von Spiegeltüren hatten, denn in einer solchen hatte ich mein Ebenbild gesehen, so standen wir vor einem Rätsel. Der Kammerdiener hieß mich in einem mit Bildern geschmückten Korridor warten. Alsbald erschien eine junge Frau, die mir engelhaft schön erschien. Freundlich nahm sie mich bei der Hand und geleitete mich in ein großes Zimmer, in dem sich an den Wänden Bücher befanden. Zum ersten Mal stand ich auf einem Fußboden, auf dem sich's wie auf Glatteis ging. Die Herzogin schob mir einen Stuhl zurecht und brachte selbst aus einem Nebenzimmer die für mich bestimmten Schuhe, die ich auf Geheiß anzog. Sie bemitleidete mich wegen meiner dünnen Kleider und gab mir eine Karte, die ich bei der Oberlehrerin abzugeben hatte und die den Auftrag enthielt, mir eine warme

Jacke anfertigen zu lassen. Als ich die Jacke holte, frug mich die Herzogin nach unseren Verhältnissen, und ich erzählte ihr von meinem kranken Bruder. Sie versprach, einen Arzt zu schicken, und gab mir Geld für die Mutter. Da ich ihre Frage, ob ich gerne lese, freudig bejahte, schenkte sie mir Bücher. Ein großes, schön gebundenes, dessen Titel ich aber merkwürdigerweise vergessen habe. Von einer Erzählung: »Der geraubte Schatz«, ist mir ein einziger Satz in Erinnerung geblieben. Ein Buch war von *Ottilie Wildermut*, mit wunderbar schönen Bildern. Leider musste ich die Bücher, als es wieder Not und Hunger im Hause gab, für einige Kreuzer verkaufen. Gerne hätte ich sie mir später, als ich schon den bildenden Wert von Büchern beurteilen konnte, zurückgekauft, doch waren alle meine Bemühungen vergeblich. Die Herzogin hielt ihr Versprechen und schickte ihren Arzt zu meinem Bruder. Das traurige Ergebnis der Untersuchung war, dass er die häusliche Pflege für unzureichend erklärte und das Krankenhaus als einzigen Ort der Rettung empfahl. Und so geschah es. Über ein Jahr lang lag mein Bruder im Wasserbette. Nur so konnte er seine immer größer werdenden Schmerzen ertragen. Sein armer Körper sah furchtbar aus. Er hatte es gut im Krankenhause. Alle behandelten ihn liebevoll, und er konnte nicht genug erzählen, welche guten Sachen er zu essen bekomme. Alle hatten ihn lieb. Andere Patienten kamen noch mit Geschenken zu ihm, wenn sie schon gesund das Spital verlassen hatten. Seine Pflegerinnen schmückten sein Bett mit Blumen, als er sich dreihundert Tage dort befunden hatte. Alle machten ihm Geschenke. Dennoch war seine Sehnsucht, wieder nach Hause zu kommen. Oft bat er, wir sollten der Herzogin schreiben und sie bitten, dass sie sich seiner annehmen möge, damit er bei der Mutter sein könne. Von den Ärzten wussten wir aber, dass das ganz ausgeschlossen sei, und so vertrösteten wir ihn immer wieder.

Eines Tages kam eine der Pflegerinnen und teilte uns mit, dass er von seinem fürchterlichen Leiden, dem Knochenfraß, erlöst sei. In einem Armensarg wurde er begraben.

Meine Mutter hatte im Frühjahr im Garten der Herzogin Beschäftigung erhalten, wodurch sich unsere Lage einigermaßen verbesserte. Aber nun rächten sich meine vielen versäumten Schulbesuche. Da meine Mutter nicht schreiben konnte, war ich oft nicht entschuldigt worden. Die Schulleitung hatte die Anzeige erstattet, und meine Mutter wurde zu zwölf Stunden Arrest verurteilt. Da sie jetzt Arbeit hatte, wollte sie keinen Lohn verlieren und unterließ es, dem Auftrag zum Antritt der »Strafe« nachzukommen. Sie hielt es auch für unmöglich, dass man sie, das ehrliche Weib, das sich immer redlich durchgebracht hatte, einsperren könnte. Aber am Ostersamstag kamen um sechs Uhr Früh zwei Gendarmen und holten sie. Sie war fassungslos, dass man ihr eine solche Schande zufüge, dass sie zwischen zwei Gendarmen durch die Straße gehen musste. Trost fand sie nur in dem Bewusstsein, dass ihr ganzes Leben makellos und rein war. Nachher wurde sie zum Oberlehrer beschieden, und dieser machte ihr Vorstellungen, mich fleißig in die Schule zu schicken, da ich sehr begabt sei. Aus mir könne etwas werden, versicherte man. Auch mein Vormund musste kommen. Dieser begnügte sich aber, mich zu ermahnen, brav und fromm zu sein. Was nützte das aber, wenn ich weder Kleidung noch Nahrung hatte, um die Schule besuchen zu können.

Als dieses Schuljahr zu Ende war, entschloss sich meine Mutter, in die Stadt überzusiedeln. Ich war nun zehn Jahre und fünf Monate alt und sollte nicht mehr in die Schule, sondern in eine Arbeit gehen. Die Leute rieten der Mutter ab; sie meinten, wenn wir in unserem Dorfe bleiben würden, würde mich die Herzogin etwas lernen lassen. Und wahrlich, in meinen

Träumen hatte ich mir das eingebildet. Ich hatte mich schon als Kammerzofe gesehen, so sagte man mir, nennt man die hübsch gekleideten, mit zierlichen weißen Schürzen und Bändern geschmückten Mädchen, die ich oft im Schlosse sah. Auch Lehrerin wäre ich gerne geworden, und mein Vorbild erblickte ich da in meiner Lehrerin, einem schönen, feinen Fräulein, deren geschmackvolle Kleider ich immer bewunderte. Noch lange verfolgten mich allerlei fantastische Ideen, die alle mit der Herzogin zusammenhingen. Als ich schon den ganzen Tag fleißig arbeiten musste, dachte ich noch immer an sie und meinte, sie müsse sich meiner erinnern, und wie im Märchen müsste sie mir mit einer Fülle von Glück und Herrlichkeiten erscheinen. Es blieben Träume.

Ich weiß nicht mehr, warum alle Verbindungen mit dem Schlosse aufhörten, warum alle die Wohltaten, die wir erfuhren, ein Ende genommen hatten. Das eine weiß ich noch, dass wir viele Neider hatten. Die Fama dichtete aus den paar Gulden, die wir hie und da bekamen, ganze Reichtümer. Man schätzte die Teilnahme, die uns die Herzogin erwies, so hoch ein, dass andere arme Frauen zu mir kamen, ich solle ihnen Bittschriften verfassen. Die Herzogin erkannte meine Schrift bei fremden Gesuchen und erkundigte sich bei mir nach den Bittstellern, die dann tatsächlich Unterstützungen bekamen. Dann entstand das Gerücht, man habe der Herzogin erzählt, dass wir gar nicht unterstützungsbedürftig seien, meine Mutter habe wohlhabende Söhne. Meine Mutter ging in das Schloss, um diese Gerüchte zurückzuweisen, aber wenn einmal Misstrauen vorhanden ist, so kann man es schwer wieder bannen.

Meine wohlhabenden Brüder! Wo und was waren sie? Der eine befand sich als Handwerksbursche auf der Walz, der zweite war in einem entfernten Dorf in einer fünf Jahre dauernden Lehre. Einer war zu Hause und arbeitete als Perlmutterdrechsler. Und der arme Albert siechte dahin. Es hieß, dass die Herzogin schon viel getäuscht worden sei. Man erzählte da vieles von den Erfahrungen, die sie gemacht hatte, wenn sie selbst in die Wohnungen der Bittsteller ging, um sich von der Wahrheit der gemachten Angaben zu überzeugen. So erzählte man, dass sie einmal zu einer Familie gekommen sei, die ihr ihre Not geschildert hatte, und sie habe alle beim Schmaus eines Gänsebratens angetroffen. Dass das nicht immer ein Zeichen von Wohlergehen ist, weiß ich aus eigener Erfahrung. So habe ich mein erstes Huhn gegessen, als es uns recht schlecht ging. Wir hatten es bei einer großen Geflügelverkaufsstelle gekauft, wo man an arme Leute die verendeten Hühner um einige Kreuzer verkaufte. Da hat auch meine Mutter einmal am Neujahrstag für zwanzig Kreuzer ein Suppenhuhn erstanden. Vielleicht war es mit dem Gänsebraten ähnlich bestellt.

Die Herzogin war aus meinem Leben verschwunden.

Als ich von der Schule mein Übersiedlungszeugnis erhalten hatte, das mich für reif erklärte, in die vierte Volksschulklasse überzutreten, war das meine ganze geistige Ausrüstung für das Leben voll Arbeit, das ich nun zu beginnen hatte. Nie hat jemand Einspruch erhoben, dass ich der gesetzlichen achtjährigen Schulpflicht entzogen wurde. Bei der Polizei war ich gar nicht angemeldet. Da meine Mutter nicht schreiben konnte, musste ich die Meldezettel ausfüllen. Ich hätte mich selbstverständlich in die Rubrik: Kinder einzutragen gehabt, da ich mich aber für kein Kind mehr hielt, ich war ja schon Arbeiterin, so ließ ich diese Rubrik unausgefüllt und blieb polizeilich unangemeldet. Andere Leute beachteten diese Unterlassung auch nicht.

Wir zogen in die Stadt zu einem alten Ehepaar in eine kleine Kammer, wo in einem Bett das Ehepaar, im andern meine Mutter und ich schliefen. Ich wurde in einer Werkstätte aufgenommen, wo ich Tücher häkeln lernte; bei zwölfstündiger fleißiger Arbeit verdiente ich 20 bis 25 Kreuzer im Tage. Wenn ich noch Arbeit für die Nacht nach Hause mitnahm, so wurden es einige Kreuzer mehr. Wenn ich frühmorgens um sechs Uhr in die Arbeit laufen musste, dann schliefen andere Kinder meines Alters noch. Und wenn ich um acht Uhr abends nach Hause eilte, dann gingen die anderen gut genährt und gepflegt zu Bette. Während ich gebückt bei meiner Arbeit saß und Masche an Masche reihte, spielten sie, gingen spazieren oder sie saßen in der Schule. Damals nahm ich mein Los als etwas Selbstverständliches hin, nur ein heißer Wunsch überkam mich immer wieder: mich nur einmal ausschlafen zu können. Schlafen wollt ich, bis ich selbst erwachte, das stellte ich mir als das Herrlichste und Schönste vor. Wenn ich dann manchmal das Glück hatte, schlafen zu können, dann war es erst kein Glück, dann war Arbeitslosigkeit oder Krankheit die Veranlassung. Wie oft an kalten Wintertagen, wenn ich abends die Finger schon so erstarrt hatte, dass ich die Nadel nicht mehr führen konnte, ging ich zu Bett mit dem Bewusstsein, dass ich morgens um so früher aufstehen müsse. Da gab mir die Mutter, nachdem sie mich geweckt, einen Stuhl in das Bett, damit ich die Füße warm halten konnte, und ich häkelte weiter, wo ich abends aufgehört hatte. In späteren Jahren überkam mich oft ein Gefühl grenzenloser Erbitterung, dass ich gar nichts, so gar nichts von Kinderfreuden und Jugendglück genossen hatte.

Das alte Ehepaar, bei dem wir wohnten, war sehr zweifelhaften Charakters. Die Frau lebte davon, dass sie jungen Mädchen und Frauen aus den Karten ihre Zukunft prophezeite. Auch mich ließ sie in meine Zukunft blicken, die sie mir aus den Karten mit den schönsten Farben malte. Natürlich spielte der Mann die Hauptrolle und ebenso natürlich ein reicher Mann. Diese Frau hätte für mich verhängnisvoll werden können. Sie sagte mir, dem zehneinhalbjährigen Kinde, viele Schmeicheleien, schmückte mich mit Seidenbändern und gab mir Näschereien. Alles das könnte ich immer haben, versicherte sie, nur dürfte meine Mutter nichts davon wissen. Sie eiferte mich zu vielen Dingen an, die ich nicht zu tun wagte, weil sie mir ungehörig erschienen.

Zum Glück war meine Mutter misstrauisch und wir mieteten ein Kabinett, das wir für uns allein hatten. Auch mein jüngerer Bruder kam wieder zu uns und brachte einen Kollegen mit, mit dem er sein Bett teilte. So waren wir vier Personen in einem kleinen Raum, der nicht einmal ein Fenster hatte, sondern das Licht nur durch die Fensterscheiben erhielt, die sich in der Tür befanden. Als einmal ein bekanntes Dienstmädchen stellenlos wurde, kam sie auch zu uns, sie schlief bei meiner Mutter im Bett und ich musste zu ihren Füßen liegen und meine eigenen Füße auf einen angeschobenen Stuhl lehnen.

Ein Jahr blieb ich Schafwollhäklerin und lernte eine ganze Anzahl Werkstätten kennen; denn wenn wir hörten, anderswo werde auch nur um einen Kreuzer für das Tuch mehr bezahlt, so musste ich dorthin gehen. So kam ich immer in eine andere Umgebung und unter andere Menschen und konnte mich an keinem Ort recht eingewöhnen. Dadurch erhielt ich Einblick in viele Familienverhältnisse. Der Ertrag der Ausbeutung so vieler junger Mädchen war überall die Grundlage der Existenz ganzer Familien. Ich arbeitete wiederholt bei Beamtensgattinnen oder bei Angestellten kaufmännischer Berufe, wo die standesgemäße Lebensweise nach außen nur möglich war durch die Ausnützung unserer Arbeitskraft. Ich war überall die Jüngste von allen. Und um nicht mit Rücksicht auf meine Jugend noch schlechter bezahlt zu werden, gab ich ein höheres Alter an, was ich ganz gut konnte, da ich über mein Alter groß war und weil mich mein ernstes Wesen auch älter erscheinen ließ. Zudem musste ich als älter gelten, damit nicht jemand verraten konnte, dass ich eigentlich die Schule besuchen sollte.

Ich war im zwölften Jahr, als sich meine Mutter entschloss, mich in eine Lehre zu geben. Ich sollte einen Beruf erlernen, von dem noch angenommen wurde, dass ein besserer Verdienst bei Fleiß und Geschicklichkeit zu erzielen sei, das Posamenteriegewerbe. Natürlich konnte ich wieder, meines schulpflichtigen Alters wegen, nur zu einer Zwischenmeisterin kommen. Zwölf Stunden im Tage musste ich aus Perlen und Seidenschnüren Aufputz für Damenkonfektion herstellen. Ich erhielt keinen fixen Lohn, sondern jeder neue Artikel wurde genau berechnet, wie viel davon in einer Stunde zu machen sei, und dafür wurden fünf Kreuzer bezahlt. Hatte man größere Übung erlangt und dadurch die Möglichkeit, mehr zu verdienen, so reduzierte die Meisterin, mit der Begründung, dass auch der Fabrikant weniger bezahle, den Lohn. Unaufhörlich, ohne sich auch nur eine Minute Ruhe zu gönnen, musste man arbeiten. Dass dies von einem Kinde in meinem Alter schließlich nicht zu erwarten war und auch von keinem andern zu leisten ist, weiß jeder, der selbst beurteilen kann, was zwölf Stunden anhaltender Arbeit überhaupt zu bedeuten haben. Mit welchem Verlangen sah ich immer nach der Uhr, wenn mich die zerstochenen Finger schon schmerzten und wenn ich mich am ganzen Körper ermüdet fühlte. Und wenn ich dann endlich nach Hause ging, an schönen warmen Sommertagen oder im bitterkalten Winter, musste ich oft, wenn viel zu tun war, noch Arbeit für die Nacht nach Hause nehmen. Darunter litt ich am meisten, weil es mich um die einzige Freude brachte, die ich hatte.

Ich las gerne. Ich las wahllos, was ich in die Hände bekommen konnte, was mir Bekannte liehen, die auch nicht zwischen Passendem und Unpassendem unterschieden, und was ich im Antiquariat der Vorstadt, für eine Leihgebühr von zwei

Kreuzern, die ich mir vom Munde absparte, erhalten konnte. Indianergeschichten, Kolportageromane, Familienblätter, alles schleppte ich nach Hause. Neben Räuberromanen, die mich besonders fesselten, interessierte ich mich lebhaft für die Geschicke unglücklicher Königinnen. Neben »Rinaldo Rinaldini« (der mein besonderer Liebling war) die »Katarina Kornaro«, neben »Rosa Sandor« die »Isabella von Spanien«, »Eugenie von Frankreich«, »Maria Stuart« und andere. »Die weiße Frau in der Hofburg zu Wien«, alle Kaiser-Josef-Romane, »Die Heldin von Wörth«, »Kaisersohn und Baderstochter« vermittelten mir geschichtliche Kenntnisse. Ihnen reihten sich die Jesuitenromane an und in weiterer Folge die Romane mit hundert Heften, vom armen Mädchen, das nach Überwindung vieler und grauenerregender Hindernisse zur Gräfin oder mindestens zur Fabrikantens- oder Kaufherrnsgattin gemacht wurde. Ich lebte wie in einem Taumel. Heft um Heft verschlang ich; ich war der Wirklichkeit entrückt und identifizierte mich mit den Heldinnen meiner Bücher. Ich wiederholte in Gedanken alle Worte, die sie sprachen, fühlte mit ihnen die Schrecken, wenn sie eingemauert, scheintot begraben, vergiftet, erdolcht oder gefoltert wurden. Ich war mit meinen Gedanken immer in einer ganz andern Welt und sah nichts von dem Elend um mich her, noch empfand ich mein eigenes Elend. Da meine Mutter nicht lesen konnte, stand meine Lektüre unter keiner Kontrolle. So las ich mit 13 Jahren *Paul de Kock*, aber so harmlos ließen mich die frivolen französischen Erzählungen, dass ich bis in die kleinsten Details den Inhalt wieder erzählte und nicht begriff, warum mein Bruder und sein Kollege lachten, wo ich nichts Erheiterndes gefunden hatte. Eine Stelle habe ich noch immer im Gedächtnis. Ein Marquis hatte ein Mädchen in ein Gebüsch geführt, und da stand dann ungefähr: »Als sie wieder heraustraten, ging das Mädchen bleich und mit schwankenden Knien weiter. Einen letzten Blick warf sie nach dem Ort zurück, wo sie ihre Unschuld verloren hatte.« Was lachten da die zwei jungen Menschen, ohne dass ich eine Erklärung dafür fand.

Erzählen musste ich sehr viel, ich erzählte sehr genau und wusste manche Dialoge fast wörtlich, als hätte ich alles auswendig gelernt. Ich erlangte als Erzählerin fast »Berühmtheit«. Am Sonntagabend wurde ich zu meiner Lehrfrau geladen, um dort vorzulesen. Die Liebesabenteuer der »Isabella von Spanien« bildeten damals die Lektüre. Im Hause, wo ich wohnte, wurde ich von Familien eingeladen, um zu erzählen, und meine Mutter und mein Bruder bereiteten mir wirklich Qual mit ihrer Lust, mich erzählen zu hören. Wenn alles im Bette lag, musste ich erzählen, die anderen schliefen schließlich ein, ich aber wurde des Schlafes beraubt und lag dann in erregtem Zustand wach im Bette, in dem ich mich nicht rühren durfte, weil ich ja sonst die Mutter gestört hätte. Zudem hätte ich oft die Zeit lieber angewandt, um zu lesen, wenn ich schon nicht arbeiten musste.

Am Sonntagnachmittag, wenn ich vormittags in unsrem bescheidenen Hauswesen geholfen hatte, las ich ununterbrochen, bis es dunkel wurde. Im Sommer ging ich mit meiner Lektüre auf den Friedhof, wo ich unter einer Trauerweide ruhend stundenlang weilte, ohne auf etwas anderes zu achten als auf mein Buch. Wie hasste ich die *Sonntagsarbeit*, die ich oft zu machen hatte! Einen solchen Tag betrachtete ich als einen verlorenen und das bessere Abendbrot und das Gläschen Wein oder Bier, das ich als Entschädigung erhielt, betrachtete ich nicht als solche.

Zwei Jahre blieb ich in der Lehre und erfuhr in dieser Zeit viel Kränkung, Härte und Herzlosigkeit. Man benützte mich als eine Art Aschenputtel. Ich musste oft an Samstagen die großen Reinigungsarbeiten machen und noch heute fühle ich die Empörung wie damals, wenn ich daran denke, was man mir alles zumutete und wie man mich behandelte. Von dem ziemlich weit entfernten öffentlichen Brunnen musste ich in einem schweren Holzgefäß das Wasser bringen. Die Wasserleitung im Hause hatte man damals noch nicht und ich ließ mir nicht träumen, dass es einmal eine solche Annehmlichkeit geben könnte. Oft erbarmten sich fremde Menschen meiner und halfen mir tragen. Meine Lehrfrau nahm den Standpunkt ein, ich müsste mich an alles gewöhnen, »denn eine gnädige Frau wirst du ja doch nicht werden«, meinte sie.

Die beiden Kinder ließen an mir alle Bosheiten aus, deren sie fähig waren. Sie spotteten über meine Armut und machten sich lustig, weil ich im Sommer barfuß gehen musste, was mich selbst bitter genug kränkte. Da ich aber nur einige Schritte zu gehen hatte, hielt meine Mutter das Schuhetragen am Wochentag bei einem so jungen Geschöpf für Verschwendung. Da der Beruf, den ich erlernte, sehr von der Saison abhängig war, so gab es zweimal im Jahre einige Wochen, wo wenig und vorübergehend auch gar nichts zu tun war. Meine Mutter bemühte sich, mich während dieser Pausen anderwärts unterzubringen; ich selbst musste nach Arbeit suchen gehen. Da las ich dann alle Schilder ab und wo ich annehmen konnte, dass Mädchen verwendet werden, ging ich hinein. Das war das Schwerste. Immer die stereotype Frage: »Bitt' schön, ich möchte Arbeit.« Auch dieses demütigende Gefühl empfinde ich noch heute mit aller Lebendigkeit, wie ich es damals bei meiner ängstlichen und doch erwartungsvollen Bitte nach Arbeit empfand. Oft musste ich erst die gewaltsam aufsteigenden Tranen trocknen, ehe ich sprechen konnte.

Einmal, ich war etwas über 13 Jahre alt und sah fast erwachsen aus, kam ich auf meiner Suche nach Arbeit in das Kontor eines Bronzewarenfabrikanten. Ein kleiner alter Herr, es war der Chef selbst, fragte mich nach meinem Alter, Namen und Familienverhältnissen und bestellte mich für den nächsten Montag. Ich erhielt einen Platz inmitten von zwölf jungen Mädchen und war endlich wieder in einem warm geheizten Raum. Ich wurde unterwiesen, wie man Kettenglieder aneinanderreiht und eignete mir bald Geschicklichkeit an. Der Chef nahm sich meiner wohlwollend an. Ich war auch hier die jüngste Arbeiterin, verdiente aber bald mehr, als ich in der Lehre bekommen hatte. Diese wurde nun ganz aufgegeben, da sich der neue Beruf als einträglicher herausstellte. Zehn Monate arbeitete ich ununterbrochen in der Bronzefabrik. Ich erhielt nun, für meine damaligen Begriffe, schöne Kleider, durfte mir hübsche Schuhe kaufen und auch sonst manches, was jungen Mädchen Freude macht.

Mein Chef begünstigte mich sehr und zog mich allen andern Mädchen vor. Er sprach in wahrhaft väterlicher Weise und bestärkte mich in meinem Entschluss, all den Vergnügungen, die meine Kolleginnen erfreuten, fernzubleiben. Die Mädchen gingen am Sonntag tanzen, wovon sie dann erzählten. In den Pausen unterhielten sie sich mit den jungen Arbeitern; obwohl ich den Sinn ihrer Gespräche nicht verstand, hatte ich doch die Empfindung, dass man so nicht reden dürfe. Ich wurde oft verspottet, weil ich mich so isolierte, da ich aber immer bereit war, in den Pausen Geschichten zu erzählen, so war man mir nicht weiter gram.

Nach einigen Monaten wurde mir eine andere Arbeit zugewiesen, die besser bezahlt wurde. Sie war aber anstrengender. Ich musste bei einem mit Gas betriebenen Blasebalg löten, was mir nicht gut zu tun schien. Meine Wangen wurden immer bleicher, eine große unbezwingliche Müdigkeit bemächtigte sich meiner, ich bekam Schwindelanfälle und musste oft plötzlich eine Stütze suchen.

Ein anderes Ereignis brachte mich damals in große Unruhe. Ich habe schon erwähnt, dass wir nicht allein wohnten, sondern einen Kameraden meines Bruders bei uns hatten. Dieser, ein hässlicher, blatternnarbiger, wortkarger Mensch, hatte angefangen, mir Aufmerksamkeiten zu erweisen. Er brachte mir kleine harmlose Geschenke wie Obst und Bäckereien. Auch verschaffte er mir Bücher. Weder mir noch der Mutter fiel das auf. War ich doch erst vierzehn Jahre alt. Einmal, an einem Feiertag, kam der Bettgeher abends allein nach Hause und wir gingen schlafen, ohne dass mein Bruder da war. Ich lag neben der Mutter an die Wand gedrückt. Ich schlief noch nicht fest genug, denn plötzlich erwachte ich mit einem Schreckensschrei. Ich hatte über mir einen heißen Atem gespürt, konnte aber in der Finsternis nicht sehen, was es sei. Mein Schrei hatte die Mutter geweckt, die sofort Licht machte und die Situation erkannte. Der Bettgeher hatte sich von seinem Bette, dessen Fußende an unser Kopfteil stieß, erhoben und über mich gebeugt. Ich zitterte vor Schreck und Angst am ganzen Körper, und ohne recht zu wissen, was der Mensch vorhatte, hatte ich den Instinkt, dass es etwas Unrechtes sei. Meine Mutter machte ihm Vorwürfe, auf die er fast nichts erwiderte. Als mein Bruder kam, den wir wachend erwarteten, gab es noch eine aufregende Szene und dem Schlafkollegen wurde gekündigt. Was ich erwartet und gewünscht hatte, geschah nicht. Er wurde nicht sofort weggeschickt, sondern durfte bis Ende der Woche bleiben, um Zeit zu haben, eine andere Schlafstelle zu suchen und um nicht so mit Schande fortzumüssen. Unter dieser mir unbegreiflichen Rücksicht für diesen Menschen hatte ich furchtbar zu leiden. Ich fürchtete mich, einzuschlafen, und wenn ich endlich doch schlief, quälten mich die schrecklichsten Träume. Angstvoll schlang ich die Arme um meine Mutter, um mich zu bergen. Man schalt mich überspannt, schob die Schuld auf die Romane, die ich las, und verbot mir, noch weiter zu lesen.

Einige Wochen nach diesem mich erschütternden Vorfall wurde ich von einer schweren Ohnmacht befallen. Als ich durch ärztliche Bemühung das Bewusstsein erlangt hatte, quälten mich Angstvorstellungen. Der Arzt fand den Fall sehr schwer, er schloss auf eine Nervenerkrankung und auf der Klinik, wohin mich die Mutter führte, forschte man nach der Lebensweise meines Vaters und Großvaters und schien den übermäßigen Alkoholgenuss meines Vaters mit für die Ursache meiner Erkrankung zu halten. Man fand mich im höchsten Grade unterernährt und blutleer und riet mir, viel Bewegung in frischer Luft zu machen und mich gut zu ernähren. Das waren die Heilungsmittel, die der berühmte Kliniker empfahl. Wie sollte ich seine Anordnungen befolgen?

Alles, was ich bisher an Entbehrung, Arbeit und Kränkung durchgemacht hatte, wurde durch die folgenden Zeiten weit übertroffen. In die Bronzefabrik sollte ich nicht mehr zurück, diese Beschäftigung sei Gift für mich, hatten die Ärzte erklärt. Nun sollte ich wieder Arbeit suchen, nachdem meine Gesundheit gebessert schien. Ich lebte aber in beständiger Furcht. Ich fürchtete mich, einen Schritt allein vor die Tür zu machen, immer und immer hatte ich das Gefühl, wieder bewusstlos zu werden. *Sterben* zu können, war mein sehnlichster Wunsch. Ich musste aber Arbeit suchen. Wenn ich Arbeit fand und den Posten angetreten hatte, kam die Angst über mich. Die Mittagszeit brachte ich jetzt in einem Parke zu, ich sollte ja viel in guter Luft sein: dort nahm ich auch meine Mahlzeit ein, Obst und Brot oder ein Stück Wurst – die »gute Nahrung«, die mir die Ärzte empfohlen hatten. Sie war jetzt spärlicher als früher, da ich ja einige Wochen nichts verdient hatte und der im ersten Schrecken geholte Arzt und die Apotheke bezahlt werden mussten. Die Krankenversicherungspflicht war damals noch nicht eingeführt.

In der Bronzefabrik hatte ich nicht bleiben dürfen, weil die Arbeit meine Gesundheit untergrub, jetzt aber arbeitete ich in einer *Metalldruckerei*, wo ich eine Presse zu bedienen hatte und wo ich als zuletzt gekommene Arbeiterin das Brennmaterial vom Keller heraufschleppen musste, immer von der Angst gepeinigt, beim Gehen über die schlechte Stiege von einer Ohnmacht befallen zu werden. Ich blieb nur einige Tage dort und fand dann Arbeit in einer *Patronenfabrik*. Als ich die dritte Woche dort war und mittags auf der Straße ging, wurde ich von Passanten gestutzt, als ich zu wanken begann und wieder ohnmächtig wurde. Als die Ohnmacht vorüber war, führte man mich nach Hause, zum Entsetzen meiner Mutter. Ich bat sie, mich in das Krankenhaus zu bringen, davon hoffte ich Genesung, wenn sie überhaupt möglich war.

Da man sich über mein Leiden nicht klar war, kam ich auf das Beobachtungszimmer der psychiatrischen Klinik. Ich war mir damals der furchtbaren Bedeutung nicht bewusst, als halbes Kind unter Geisteskranken leben zu müssen. Es war ja, so paradox es klingen mag, die beste Zeit, die ich bis dahin verlebt hatte. Alle Menschen waren gut gegen mich. Die Ärzte, die Pflegerinnen und auch die Patienten. Ich bekam einige Male im Tag gute Nahrung, selbst gebratenes Fleisch und Kompott, das ich vorher nicht gekannt hatte, erhielt ich öfter. Ich hatte für mich allein ein Bett und immer reine Wäsche. Ich machte mich den Pflegerinnen nützlich, half ihnen beim Aufräumen und bei der Bedienung der im Bett befindlichen Kranken. Ich nähte und strickte an ihren Handarbeiten. Dann las ich wieder Bücher, die mir einer der Ärzte lieh. Damals lernte ich die Werke *Schillers* und Alphonse *Daudets* kennen. Die dramatischen

Gedichte *Schillers* und von den Dramen: »Die Braut von Messina« begeisterten mich am meisten. Auch »Fromont junior und Risler senior« von *Daudet* machte großen Eindruck auf mich. Mein Leiden, das mich so unglücklich gemacht hatte, zeigte sich im Krankenhaus nicht ein einziges Mal. Ich erholte mich und bekam ein blühendes Aussehen. Im Stillen betete ich immer, von meiner Angst befreit zu werden, und betend schlief ich ein. In dem Zimmer, in dem ich mich befand, waren nur ruhige Kranke: Trübsinnige und Melancholische. Auch zwei junge Mädchen waren da, die mir erzählten, warum man sie aufs Beobachtungszimmer gebracht hatte. In dem einen Falle sollte ein grausamer Vater die Tochter von dem Geliebten getrennt haben, im anderen Falle wurde der Vormund teuflischer Schurkereien gegen das vermögende Mündel beschuldigt. Ich glaubte alles, was mir erzählt wurde, und war bekümmert mit den Traurigen. Im Garten kamen wir mit anderen Kranken, mit wirklichen Geisteskranken zusammen. Eine Frau bildete sich ein, die Kaiserin Charlotte von Mexiko zu sein. Sie stand immer auf einem Fleck und sprach mit lauter Stimme, als Kaiserin zu den Untertanen. Eine andere hielt sich für eine Mörderin und fürchtete sich vor dem Gericht. In dieser Umgebung blieb ich vier Wochen, dann wurde ich als gesund entlassen.

Die Suche nach Arbeit begann von Neuem. Ich lief am frühen Morgen schon von zu Hause fort, um als Erste bei den Toren zu sein, aber immer vergebens.

Meine Mutter war seit meinem Kranksein ungemein zärtlich gegen mich geworden und nannte mich oft ihr armes, unglückliches Kind. Meine Liebkosungen, die sie früher immer abgewiesen hatte, nahm sie jetzt gerührt hin. Früher wies sie sie nicht aus Lieblosigkeit, sondern von der Auffassung diktiert, dass Schmeicheleien Falschheit bedeuten, zurück. Jetzt wurde sie aber wieder unwillig, weil ich so lange nichts verdiente. Sie musste sich ja so sehr plagen. Tag für Tag, ohne Rast, ohne Ruh arbeitete sie. Sie arbeitete in einer Weberei. Von den giftigen Farben der Wolle hatte sie Wunden an den Fingern bekommen, am Arm entstanden schmerzende eitrige Geschwüre, sie aber überwand jeden Schmerz und verrichtete ihr mühevolles, schlecht bezahltes Tagewerk. Und sie war keine junge Frau mehr. Im Alter von 47 Jahren hatte sie mich als fünfzehntes Kind geboren, sie war also schon 61 Jahre und hatte in ihrem ganzen Leben noch keinen Ruhetag gehabt. Wenn sie keine Arbeit hatte, ging sie mit Seife oder Obst hausieren, um unsern Lebensunterhalt zu verdienen. Es war ihr Ehrgeiz, weder die Miete noch irgendetwas anderes schuldig zu bleiben. Das war ein besonderer Charakterzug an ihr, von niemandem abhängig sein zu wollen. Und nun hatte sie ein großes Mädel, das ihr eine Stütze hätte sein sollen, und dieses Mädel verdiente nichts. Sie machte mir schwere Vorwürfe und schalt mich; weil sie selber immer verstanden hatte zu verdienen, sollte auch ich es können.

Ich fand ja verschiedene Arbeit. In einer *Kartonagenfabrik*, bei einem *Schuhfabrikanten*, bei einer Fransenknüpferin, in einer Werkstätte, wo auf *türkische Schals* grüne Farben aufgetragen wurden, und noch bei vielen anderen Berufen versuchte ich es. Für eine Arbeit fand man nach einigen Stunden entweder mich nicht geschickt genug oder ich hörte mittlerweile von einer anderen besseren Arbeit und versuchte es dort.

Drei Wochen waren so vergangen, als sich die Schwindelanfälle wieder einstellten, denen eine schwere Ohnmacht folgte. Ich ging wieder ins Krankenhaus, ich war so schwach und erschöpft, dass ich in den Straßen, durch welche wir gingen, allgemeines Mitleid erregte. Oft mussten wir in ein Haus eintreten, damit ich mich auf den Stiegenstufen erholen konnte. Ich kam fiebernd in das Krankenhaus; die erste Mahlzeit, die ich erhielt, erbrach ich, doch nach einigen Tagen war alles wieder gut. Ich hatte wieder gute Nahrung und Annehmlichkeiten, die ich sonst nicht gekannt hatte.

Da geschah etwas, dessen ganze Furchtbarkeit ich erst in späteren Jahren beurteilen lernte. Eines Tages wurde mir mitgeteilt, dass für mich keine Aussicht mehr sei, gesund und dauernd arbeitsfähig zu werden, daher müsse ich in eine andere Anstalt gebracht werden.

Ich musste mich anziehen, in den Spitalwagen steigen und befand mich nach einigen Minuten in der Aufnahmskanzlei des *Armenhauses*. Ich war genau vierzehn Jahre und vier Monate alt. Ich war mir der Tragweite dieser Sache nicht bewusst, ich weinte nur, weinte unaufhörlich über die *Umgebung*, in die ich nun gekommen war. In einem großen Saal, wo Bett an Bett sich reihte und meist alte, gebrechliche Frauen waren, wurde auch mir Bett und Schrank angewiesen. Die alten Frauen husteten und hatten Erstickungsanfälle, manche waren sehr aufgeregt und redeten so sonderbar wunderlich. Bei Nacht konnte ich nicht schlafen, weil ich mich wieder schrecklich fürchtete; die alten Frauen waren auch unruhig und blieben nicht immer in ihren Betten. Auch das Essen war lange nicht so gut wie im Krankenhause; dann hatte ich nichts zu tun, keine Handarbeit, kein Buch, niemand kümmerte sich um mich. In dem großen Garten suchte ich die einsamsten Wege auf, um weinen zu können. Am fünften Tage wurde ich in die Verwaltungskanzlei beschieden, wo ich gefragt wurde, ob ich denn niemand habe, der für mich sorgen würde, denn hier könnte ich nicht bleiben; wenn mich niemand übernehmen würde, müsste ich in meine Heimatsgemeinde gebracht werden.

Ich kannte meine »Heimatsgemeinde« nicht; ich war nie dort gewesen und verstand auch die Sprache nicht, die dort gesprochen wurde. Mir war ganz entsetzlich zumute und der

Wunsch, doch sterben zu können, kam wieder über mich. Ich stammelte, dass ich ja doch eine Mutter habe, die arbeite, und dass ich selber seit meinem zehnten Jahre immer gearbeitet habe. Ich erhielt eine Karte, auf der ich schreiben musste, meine Mutter möge mich schleunigst holen, da ich sonst nach Böhmen gebracht würde. Am nächsten Tag ging ich mit meiner armen Mutter, der nichts Schweres erspart geblieben war, nach Hause.

In späteren Jahren habe ich mich oft gefragt, was wohl aus mir geworden wäre, wenn man mich in meine Heimatsgemeinde gebracht hätte. Ich begann auch über das Verbrecherische der bureaukratischen Schablone nachzudenken, die mich, ein Kind, ein von frühester Kindheit an durch Arbeit und Hunger um alle Kinderfreuden gebrachtes Geschöpf, in ein Haus für Greise und Sieche steckte und die mich, wenn nicht wenigstens ein denkender Beamter da gewesen wäre, einem ungewissen, aber sicher für viele Jahre fürchterlichen Schicksale überliefert hätte. Erbitterung fasste mich dann oft, wenn ich mir alles vergegenwärtigte und mir sagte, dass es nur einem winzigen Zufall zuzuschreiben war, dass ich, die dann wieder ein gesundes arbeitstüchtiges Mädchen war und später eine gesunde Frau, nicht hinausgestoßen wurde in eine Umgebung, die mich auf alle Fälle mindestens als lästige Fremde behandelt hätte.

Hätte mich der Beamte nicht auf meinen Spaziergängen im Garten gesehen und einmal angesprochen, da ihm meine Jugend auffiel, so wäre mir wohl viel Schweres nicht erspart geblieben. Nun war ich wieder daheim und sollte jetzt das *Weißnähen* erlernen.

Es wurde eine einmonatige Lehrzeit vereinbart, und gestützt auf die Hoffnung, mir damit eine bessere Zukunft zu ermöglichen, zahlte meine Mutter gerne das geforderte Lehrgeld. Ich kam wieder zu einer Zwischenmeisterin, die eine Anzahl

Mädchen beschäftigte. Der Herr Gemahl arbeitete nichts, er brachte die meiste Zeit im Kaffeehaus zu und ließ sich von seiner Frau den Unterhalt verdienen. Die Frau nützte die Mädchen unglaublich aus. Ich sollte in vier Wochen das Weißnähen erlernen, was tat ich aber stattdessen? Meine Mutter hatte, um mich für den besseren Beruf gehörig auszustatten, Opfer gebracht, die für ihre Verhältnisse ganz ungeheuere waren. Sie hatte dafür gesorgt, dass ich mich gefällig anziehen konnte, hatte das Lehrgeld im Voraus erlegt und ernährte mich durch vier Wochen. Und ich? Ich wurde als Kindermädchen verwendet, ich spürte meine Arme nicht mehr, so viel musste ich das kleine Kind der Lehrfrau herumtragen. Ich musste stundenlang spazieren gehen, damit die anderen durch das Kindergeschrei nicht behelligt würden. Ich musste einkaufen gehen, Geschirr waschen und noch sonst allerlei machen, was mit dem Beruf, den ich erlernen sollte, nichts zu tun hatte. Erst zu Beginn der vierten Woche fing ich an, Knopflöcher auszunähen, Säumchen zu legen, Volants zu ziehen und endlich durfte ich mich an die Maschine setzen, um auf *Papier* die ersten Nähte zu versuchen. Das Treten brachte ich ja zusammen und das war nun meine Kunst, damit sollte ich jetzt meinen Lebensunterhalt erwerben und meiner Mutter vergelten, was sie für mich getan hatte.

Die gute Lehrfrau hatte aber nicht die Absicht, mich bei ihr arbeiten zu lassen, um mir wenigstens jetzt noch beizubringen, was sie mich zuerst nicht gelehrt hatte. Ganz im Gegenteil war es ihr darum zu tun, wieder ein anderes Mädchen für ihr Kind verwenden zu können und dafür noch Geld zu erhalten. Mit der Angabe, sie habe keine Arbeit und könne mich nicht beschäftigen, wurde ich weggeschickt. Meine Mutter wollte sich das nicht gefallen lassen, sie verlangte ihr Geld zurück oder Nachholen der Lehrzeit. Aber schließlich war jede Stunde, die sie auf diese Unterhandlungen verwendete, Arbeitsverlust und damit auch Geldverlust. So musste ich nun auf die Suche gehen, um als »Weißnäherin« Beschäftigung zu finden. Arbeit hätte ich wirklich gefunden, aber beim ersten Stück, das ich in die Hand bekam, sah man, dass ich nichts konnte und damit war es zu Ende.

Ich musste nun wieder Arbeit nehmen, wo ich welche bekam.

Um aber wieder dauernde Arbeit zu bekommen, redete die Mutter mit meiner ersten Lehrfrau, die mich auch wieder aufnahm. Es war aber ein besonders schlechtes Jahr, da sich die Damenmode in anderer Richtung entwickelte. Die tote Saison, die sonst erst knapp vor Weihnachten begann, fing diesmal schon im November an. Zuerst wurde nur um einige Stunden im Tage weniger gearbeitet, vier Wochen vor Weihnachten stockte aber alle Arbeit. Nun war ich wieder zu Hause und ich war doch schon ein Mädchen von fast 15 Jahren. Tag um Tag begann jetzt wieder meine Wanderung. Es traf uns diesmal besonders hart, da wir noch ein Mitglied der Familie ohne Arbeit hatten. Während mein jüngerer Bruder zur Abdienung seiner Militärdienstzeit einberufen worden war, war der ältere Bruder aus der Kaserne zurückgekehrt. Er war fast entblößt vom Notwendigsten, war ohne einen Kreuzer Geld, hatte aber dafür große Esslust. Und es war so schwer, Arbeit zu finden, obwohl er bereit war, jeden Beruf zu ergreifen. Vorübergehend wurde er beschäftigt, aber er fand nichts Dauerndes. Und er sollte uns eine Stütze sein! Wie hatten wir uns auf seine Heimkehr gefreut. Da lag er nun, der gesunde, kräftige Mensch, nachdem er drei Jahre Kaiser und Vaterland gedient hatte, und musste sich von einer alten Mutter und einer Schwester, die noch halb Kind war, mit schmalen Bissen ernähren lassen. Damals dachte ich darüber freilich nicht nach, war ich doch stolz darauf, dass meine Brüder fähig waren, dem Kaiser zu dienen, um im Kriegsfall das Vaterland verteidigen zu helfen.

In dieser schweren Zeit wurde alles unternommen, wozu meiner Mutter geraten wurde. Ich musste Bittgesuche schreiben, an den Kaiser, an Erzherzöge, die im Rufe besonderer Wohltätigkeit standen, und auch an andere reiche »Wohltäter«. Da, wie ich erwähnte, meine Mutter nicht lesen und schreiben konnte, musste ich die Bittgesuche verfassen, und ich tat es auf meine Weise. Ich erzählte einfach, was war. Ich begann nach der üblichen Titulatur, so wie früher an die Herzogin: »Da meine Mutter nicht schreiben kann und es uns so schlecht geht.« Vom Kaiser erhielten wir fünf Gulden, von einem Erzherzog und von einem reichen Wohltäter, dessen Sekretär zu uns nachsehen kam, ebenso viel. Das meiste davon ging auf, um meinem Bruder die notwendigsten Kleidungsstücke zu kaufen. Wovon aber leben? Vier Gulden verdiente jetzt die Mutter, davon sollten drei ernährt werden.

Um jeden Preis musste ich Arbeit finden; die jetzt folgenden Ereignisse werde ich nie vergessen, und es gab seither kein Jahr, in dem ich mich nicht an das Weihnachtsfest von damals erinnert hätte.

Es war ein kalter, strenger Winter und in unsre Kammer konnten Wind und Schnee ungehindert hinein. Wenn wir morgens die Tür öffneten, so mussten wir erst das angefrorene Eis zerhacken, um hinauszukönnen, denn der Eintritt in die Kammer war direkt vom Hof und wir hatten nur eine einfache Glastür. Die Mutter ging um halb sechs Uhr von zu Hause fort, da sie um sechs Uhr zu arbeiten begann. Ich ging eine Stunde später Arbeit suchen. »Bitt' schön um Arbeit«, musste wieder unzählige Male gesagt werden. Fast den ganzen Tag war ich auf der Straße. Heizen konnten wir daheim nicht, das wäre Verschwendung gewesen, so trieb ich mich auf der Straße, in den Kirchen und auf dem Friedhof herum. Ein Stück Brot und ein paar Kreuzer, um mir Mittag etwas kaufen zu können, bekam ich mit. Das Weinen musste ich immer gewaltsam zurückdrängen, wenn meine Bitte um Arbeit abgewiesen wurde und ich aus dem warmen Raum wieder hinausmusste. Wie gerne hätte ich alle Arbeit getan, um nur nicht so frieren zu müssen. Im Schnee wurden meine Kleider feucht und meine Glieder erstarrten, wenn ich stundenlang herumging. Dazu wurde meine Mutter immer unwilliger, der Bruder hatte Arbeit gefunden, Schnee war gefallen, da wurde er beschäftigt, freilich für so geringe Bezahlung, dass er sich kaum selbst ernähren konnte. Nur ich hatte noch keine Arbeit.

Selbst in den *Zuckerwarenfabriken*, von denen ich angenommen hatte, dass sie um die Weihnachtszeit viele Arbeitskräfte brauchen würden, erhielt ich keine Beschäftigung. Heute weiß ich, dass fast die ganze Weihnachtsarbeit einige Wochen vor den Feiertagen getan ist; dass wochenlang vorher die Arbeiterinnen Tag und Nacht arbeiten müssen und dass sie knapp vor den Feiertagen ohne Rücksicht entlassen werden. Damals hatte ich noch keine Ahnung von der Art, wie sich der Produktionsprozess abwickelt. Wie fromm und gläubig betete ich in der Kirche um Arbeit. Ich suchte besonders berühmte Heilige auf. Ich ging von Altar zu Altar, kniete auf den kalten Steinfliesen nieder und betete zur »Maria, der Jungfrau«, zur »Gottesmutter«, zur »Himmelskönigin« und zu vielen anderen Heiligen, welchen man besondere Macht und Barmherzigkeit nachrühmte.

Ich gab meine Hoffnung nicht auf und entschloss mich eines Tages, die paar Kreuzer, die ich für mein Mittagessen hatte, in den Opferstock für den heiligen »Vater« zu werfen. An demselben Tag fand ich eine Börse mit zwölf Gulden. Ich konnte mich vor Glück kaum fassen und dankte allen Heiligen für diese Gnade. Dass vielleicht ein anderer armer Teufel durch den Verlust der Börse zur Verzweiflung gebracht wurde, kam mir nicht in den Sinn. Zwölf Gulden war für mich ein so hoher Betrag, dass ich gar nicht auf den Gedanken kam, ein armer Mensch könnte ihn verloren haben. Von einer Verpflichtung, Funde an die Polizei abzuliefern, wusste ich nichts. Ich sah nur die gnadenspendende Hand meiner Heiligen in der am Wege liegenden Börse. An diesem Abend fiel ich meiner Mutter aufjauchzend um den Hals, ich konnte vor Jubel nicht reden, und nur die Worte: zwölf Gulden, zwölf Gulden brachte ich hervor. Nun war eitel Freude in unsere Kammer eingekehrt, und wie um das Glück voll zu machen, wurde ich am nächsten Tage aufgefordert, mich in einer *Glas- und Schmirgelpapierfabrik* einzufinden, in der ich einige Tage vorher nach Arbeit gefragt hatte und wo man mich in Vormerkung genommen hatte.

Meine neue Arbeitsstätte war im dritten Stockwerk eines Hauses gelegen, in dem sich lauter industrielle Unternehmungen befanden. So hatte ich das Leben und Treiben eines Fabrikgebäudes noch nicht kennengelernt, ich hatte mich aber auch noch nie so unbehaglich gefühlt. Alles missfiel mir. Die schmutzige, klebrige Arbeit, der unangenehme Glasstaub, die vielen Menschen, der ordinäre Ton und die ganze Art, wie sich die Mädchen und auch die verheirateten Frauen benahmen.

Die Fabrikantin, die gnädige Frau, wie sie genannt wurde, war die eigentliche Leiterin der Fabrik und sie redete ganz so wie die Mädchen. Sie war eine schöne Frau, aber sie trank Branntwein, dann schnupfte sie und mit den Arbeitern machte sie unziemliche, rohe Späße. Wenn der Fabrikant, der sehr leidend war, einmal selber kam, dann gab es immer eine heftige Szene. Für ihn hatte ich Sympathie. Er schien mir so gut und edel zu sein, dann schloss ich aus dem Benehmen und dem ganzen Wesen der gnädigen Frau, dass er unglücklich sein müsse. Auf seine Anordnung erhielt ich eine andere, weit angenehmere Arbeit. Bishin hatte ich das mit Leim bestrichene und mit Glas bestreute Papier auf den Stricken, die im Saal ziemlich hoch gespannt waren, aufhängen müssen. Diese Arbeit ermüdete mich sehr, und der Fabrikant musste wohl gemerkt haben, dass diese Arbeit für mich nicht geeignet war, denn er bestimmte, dass ich von nun an das zur Verarbeitung bestimmte Papier abzuzählen habe. Diese Arbeit war reinlich und gefiel mir viel besser. Allerdings, wenn nichts zu zählen war, musste ich auch wieder alle anderen Arbeiten machen.

Die Fabrik war ziemlich weit von meiner Wohnung entfernt, und ich konnte mittags nicht nach Hause gehen. Da blieb ich mit den anderen Arbeiterinnen im Arbeitssaale; wir holten uns aus dem Gasthause Suppe oder Gemüse, für den Nachmittag hatten wir Kaffee mit. Ich setzte mich immer abseits und las in einem Buche. »Der Raubritter und sein Kind« war damals meine Lektüre, es waren 100 Hefte. Die anderen lachten über mich und spotteten über die »Unschuld«, da ich bei ihren Gesprächen verlegen wurde.

Sehr oft wurde von einem Herrn Berger gesprochen, der Reisender der Firma war und jetzt zurückerwartet wurde. Alle Arbeiterinnen schwärmten für ihn, sodass ich neugierig war, den Herrn zu sehen. Ich war zwei Wochen dort, als er kam. Alles war in Bewegung, und man sprach nur vom Aussehen des bewunderten Reisenden. Mit der gnädigen Frau kam er in den Saal, in dem ich arbeitete. Er gefiel mir gar nicht. Am Nachmittag wurde ich in das Kontor gerufen; Herr Berger schickte mich um etwas und machte dabei eine alberne Bemerkung über meine »schönen Hände«. Als ich zurückkam, war es schon dunkel und ich musste einen leeren Vorraum passieren, der nicht erleuchtet war und sich daher im Halbdunkel befand, da er nur Licht durch die Glastür erhielt, die in den Arbeitssaal führte. Herr Berger befand sich in dem Raum, als ich kam. Er nahm mich bei den Händen und frug mich teilnehmend nach meinen Verhältnissen. Ich antwortete ihm wahrheitsgetreu und erzählte von unserer Armut. Er sprach einige mitleidige Worte, lobte mich und versprach, sich für mich zu verwenden, damit ich mehr Lohn bekomme. Begreiflicherweise war ich hochbeglückt über diese Aussicht, die sich mir eröffnete, hatte ich doch nur zwei Gulden und fünfzig Kreuzer Wochenlohn, wofür ich täglich zwölf Stunden arbeiten musste. Ich stammelte einige Dankesworte und versicherte, dass ich mich seiner Fürsprache würdig erweisen werde. Ehe ich noch recht wusste, wie es geschah, hatte mich Herr Berger geküsst. Mein Erschrecken versuchte er mit den Worten zu dämpfen: »Es war ja nur ein väterlicher Kuss.« Er war sechsundzwanzig Jahre alt und ich fast fünfzehn, von Väterlichkeit konnte also nicht viel die Rede sein.

Außer mir eilte ich an meine Arbeit. Ich wusste nicht, wie ich das Vorgefallene zu deuten hatte, den Kuss hielt ich für etwas Schimpfliches, aber Herr Berger hatte so mitleidig gesprochen und mir mehr Lohn in Aussicht gestellt! Zu Hause erzählte ich zwar von dem Versprechen, den Kuss verschwieg ich aber, da ich mich schämte, vor meinem Bruder davon zu reden. Mutter und Bruder freuten sich aber, dass ich einen so einflussreichen Protektor gefunden hatte.

Am nächsten Tag wurde ich von einer Kollegin, einem jungen blonden Mädchen, das mir am sympathischsten von allen war, mit Vorwürfen überhäuft. Sie warf mir vor, ich hätte sie bei dem Reisenden verdrängt; wenn bisher etwas für ihn zu tun oder etwas zu holen war, habe sie das getan; er habe sie geliebt, beteuerte sie unter Tränen und Schluchzen, und nun sei durch mich alles zu Ende. Auch die anderen Arbeiterinnen stimmten dem zu; sie nannten mich eine Heuchlerin, und die gnädige Frau selber fragte mich, wie mir die Küsse des »schönen Reisenden« geschmeckt hatten. Durch die Glastür war der Vorgang vom Abend vorher beobachtet worden, und er wurde in dieser, für mich kränkenden Weise gedeutet.

Ich war gegen die Sticheleien und Spottreden wehrlos und sehnte die Stunde herbei, wo ich nach Hause gehen konnte. Es war Samstag, und als ich meinen Lohn in Empfang genommen hatte, ging ich mit der Absicht nach Hause, am Montag nicht mehr zurückzukehren.

Als ich zu Hause davon sprach, wurde ich sehr gescholten. Es war sonderbar. Meine Mutter, die immer so bedacht war, mich zu einem anständigen Mädchen zu erziehen, die mir immer Lehren und Ermahnungen gab, mit Männern nicht zu reden, »nur von dem, der der Mann würde, dürfe man sich küssen lassen«, schärfte sie mir ein, war in diesem Falle gegen mich. Ich wurde überspannt genannt. Ein Kuss sei nichts Schlechtes, und wenn ich noch dazu mehr Lohn bekommen würde, so wäre es leichtsinnig, die Stelle aufzugeben. Schließlich wurden wieder meine Bücher für meine »Überspanntheit« verantwortlich gemacht und meine Mutter wurde über meine »Starrköpfigkeit« so böse, dass alle die geliehenen Herrlichkeiten, »Das Buch für Alle«, »Über Land und Meer«, »Chronik der Zeit« – denn »so weit« war ich schon in der Literatur – zur Tür hinausgeworfen wurden. Ich suchte dann wohl wieder alles zusammen, aber an dem Abend wagte ich nicht zu lesen, obwohl ich sonst an einem Samstag länger lesen durfte.

Das war ein trauriger Sonntag! Ich war niedergeschlagen und wurde noch obendrein den ganzen Tag gescholten.

Am Montag weckte mich die Mutter wie gewöhnlich und schärfte mir, als sie in ihre Arbeit ging, ein, keine Dummheiten zu machen, sondern daran zu denken, dass in einigen Tagen Weihnacht sei. Ich ging fort, ich wollte mich überwinden und doch in die Fabrik gehen; bis ans Tor kam ich, dann kehrte ich um. Ich hatte so eine namenlose Angst vor unbekannten Gefahren, dass ich lieber hungern wollte, als Schande ertragen. Denn als Schande erschien mir alles, was vorgefallen war, der Kuss und die Vorwürfe der Kolleginnen. Zudem war mir erzählt worden, dass eine der Arbeiterinnen immer in besonderer Gunst bei dem Reisenden stand, und zwar wechsele das; wenn eine Neue komme, die ihm besser gefalle, dann trete diese an die Stelle der vorhergehenden. Nach allen Andeutungen war ich dazu ausersehen, diese Stelle nunmehr einzunehmen. Davor fürchtete ich mich sehr. Ich hatte in den Büchern so viel von Verführung und gefallener Tugend gelesen, dass ich mir die schrecklichsten Vorstellungen machte. Ich ging also nicht hin.

Was aber beginnen? Zuerst suchte ich wieder Arbeit; ich hätte alles unternommen, was sich geboten hätte, aber drei Tage vor Weihnachten nimmt man keine neuen Arbeitskräfte. Ich irrte in den Straßen umher, und als es Abend wurde, ging ich zur gewöhnlichen Stunde nach Hause. Ich hatte nicht den Mut einzugestehen, dass ich nicht in der Fabrik war. Die beiden folgenden Tage machte ich es ebenso. Alle Bemühungen, Arbeit zu finden, waren erfolglos. Namenlose Verzweiflung bemächtigte sich meiner, dann hoffte ich wieder, dass irgendein Zufall mir helfen würde. Es handelte sich ja um kaum zwei Gulden, da es keine ganze Arbeitswoche war.

Ich hatte so viel von der Allmacht Gottes gelesen, von der Hilfe zur rechten Zeit, von der belohnten Tugend und ähnlichen Dingen, dass ich mir einredete, auch für mich werde es Hilfe geben. Darum kniete ich vor dem Altar im heißen Gebet, dann ging ich wieder suchenden Blickes auf die Straße; ich konnte ja wieder eine Börse finden und mehr Geld nach Hause bringen, als erwartet wurde. Wo die Frauen dicht gedrängt bei den Fischständen standen, um für den Abend einzukaufen, ging ich hin. Obwohl ich mir Fische immer als etwas ganz Herrliches vorgestellt hatte, kam mir jetzt, in meiner Verzweiflung, kein Verlangen danach. Nur Geld wollte ich haben. Tolle Gedanken, vor deren Ausführung ich aber zurückschreckte, durchschwirrten meinen Kopf. Es kam der Nachmittag. Die Leute eilten mit ihren Paketen heimwärts, um ihren Lieben glückliche Stunden zu bereiten. Es war schon überall Feierabend und auch ich wurde daheim erwartet. Wo sollte ich aber Geld hernehmen?

Da kam mir noch ein Gedanke. Ich hatte eine Tante, die bei einer Gräfin bedienstet war; diese Tante war für uns der Inbegriff aller Vornehmheit, ihre Stelle bei der gräflichen Dame verschaffte ihr diesen Nimbus. Die »Stadttante«, das hatte für uns immer etwas Feierliches, und wenn sie uns manchmal besuchte, so erwiesen wir ihr höchste Ehrerbietung. Sie galt als sehr fromm, und die Ordenskirche, in die sie immer ging, erhielt von ihr viele Spenden. Von ihr erhoffte ich jetzt Hilfe. Ich traf sie nicht zu Hause, sie war in der Kirche. Ich suchte sie dort, sie war schon fort. Ich kniete nieder beim Altar und betete unter Weinen und Schluchzen, Gott und die Heiligen mögen das Herz meiner Tante für mich günstig stimmen. Wenn ich jetzt bedenke: Kaum zwei Gulden hätte ich gebraucht und all mein Kummer und meine Herzensnot wären vorüber gewesen. Damals wusste ich noch nicht, wie viel Geld unnütz verschwendet wird, wie viele Menschen im Überflusse leben, während andere sich in Dürftigkeit verzehren. Zu jener Zeit kannte ich diese Unterschiede noch nicht, oder ich dachte über ihre Ungerechtigkeit nicht nach. Ich hielt alles für eine unabänderliche Einrichtung, die von Gott so verfügt sei.

Diese Stunden und das ganze Leid meiner Kindheit und Jugendzeit habe ich nie vergessen. Und noch immer, trotz der vielen Jahre, die seither verflossen sind, kann ich an weinenden Kindern nicht vorübergehen, ohne sie um die Ursache ihrer Tränen zu fragen. Immer erinnere ich mich in solchen Fällen an meine eigenen Tränen, und wie ich nach Mitleid gedürstet habe. Auch als schlecht bezahlte Arbeiterin habe ich manchen Stundenlohn an fremde weinende Kinder verschenkt, die mir auf der Straße ihre Not erzählt haben.

Ich habe kein Mitleid gefunden. Meine fromme Tante, die ich endlich doch angetroffen habe, bewirtete mich zwar mit Kaffee und Kuchen, als ich aber endlich wagte, meine Bitte auszusprechen, blieb sie hart und unerbittlich. Sie ermahnte mich, jetzt bestimmt nach Hause zu gehen, es sei ja Weihnachtsabend, da werde man mich schon erwarten. Ich bat und weinte, es rührte sie nicht, mit frommen Sprüchen versagte sie mir jede Hilfe; jeder Mensch müsse in Demut tragen, was er sich selbst auferlegt habe, war ihr letztes Wort. So stand ich wieder auf der Straße. Es waren nur mehr wenig Leute zu sehen, die Fenster aber erstrahlten im hellen Lichterglanz und manche geputzte Tanne konnte ich sehen.

Auf keinen Fall wollte ich nach Hause gehen. Was sollte ich denn sagen? Ich fürchtete und schämte mich. Mein Gebaren der letzten Tage erschien mir jetzt als großes Unrecht. Ich stellte mir das Entsetzen meiner Mutter vor, meiner armen, geplagten Mutter, die mit jedem Kreuzer rechnen musste und die auf mich so große Hoffnungen setzte. Konnte ich ihr so viel Schmerz und Enttäuschung bereiten? Meine Reue und meine Angst wurden immer größer. Hätte ich mich doch überwunden und wäre ich in der Fabrik geblieben, sagte ich mir. Jetzt kam mir selber alles wie Übertreibung vor, meine Angst vor dem Reisenden, meine Scham vor den Arbeiterinnen und die

Besorgnis um meine Anständigkeit. Nunmehr fühlte ich nur, wie schön es wäre, wenn ich mit meinem Arbeitslohn nach Hause gehen könnte. Ich schlug den Weg zur Donau ein und hatte die Vorstellung, dass es leichter sein müsse, in das Wasser zu springen, als mit meiner Schuld heimzugehen.

Als ich durch eine der vornehmsten Straßen eilte, dem neuen Ziele, dem Wasser zu, wobei mir ununterbrochen die Tränen flossen und Schluchzen meinen Körper erschütterte, wurde ich von einem eleganten Herrn angesprochen. Er fragte mich, wohin ich so spät noch gehe und warum ich weine. Das musste die Rettung sein; das war sicher Gottes Fügung! Alle Hoffnung kam wieder über mich, und ich erzählte meinen Kummer. Zwei Gulden müsste ich haben, sonst könne ich nicht nach Hause gehen. Wie lieb und gut sprach der Herr. Zehn Gulden wollte er mir geben, nur müsse ich mit ihm gehen, da er kein Geld bei sich habe. Ich wusste nicht, was mich behütete, aber trotz meiner Not ging ich nicht mit in seine Wohnung. Bei dem Hause, in das er mich führen wollte, angelangt, bat ich warten zu dürfen, bis er mit dem Gelde komme. Als er mir zuredete und mich hineinzuziehen versuchte, riss ich mich los und lief davon. Es war eine so namenlose Furcht über mich gekommen, die Blicke, mit welchen der Herr mich ansah, hatten mich so erschreckt, dass ich, ohne mich zu besinnen, davonstürzte, in der Richtung nach meiner Wohnung. Dort traf ich meinen Bruder, der mich schon lange Zeit suchte und soeben in die Fabrik gehen wollte, um nach mir zu fragen.

Soll ich noch erzählen, wie dieser Weihnachtsabend weiter verlief? Wie weder Mutter noch Bruder in meinem Innern lesen konnten, wie sie meine Beweggründe nicht verstehen und mir auch nicht verzeihen konnten? Sie nannten mich schlecht und faul. Mich faul! In einem Alter, wo andere Kinder mit der Puppe spielen und in der Schulbank sitzen, wo sie gehütet und gehegt werden, um keinen Stein unter ihre Füße zu bekommen, in diesem Alter musste ich schon hinaus, um das harte Joch der Arbeit zu schleppen. In einem Alter, wo andere noch die ganze Seligkeit der Kindheit durchkosten, hatte ich schon das kindliche Lachen verlernt und war erfüllt und durchdrungen von dem Gefühl, dass arbeiten das mir bestimmte Los sei.

Die Last dieser Kindheit ist viele Jahre auf meinem Gemüt gelegen und hat mich zu einem frühernsten, dem Frohsinn abgewandten Geschöpfe gemacht. Viel musste kommen, etwas Großes musste in mein Leben treten, um mir überwinden zu helfen.

Ich fand wieder Arbeit, ich ergriff alles, was sich bot, um meinen Willen zur Arbeit zu zeigen und habe noch manches durchgemacht. Endlich aber wurde es doch besser. Ich wurde in eine große Fabrik empfohlen, die im besten Rufe stand. 300 Arbeiterinnen und etwa 50 Arbeiter waren beschäftigt. Ich kam in einen großen Saal, in dem 60 Frauen und Mädchen arbeiteten. An den Fenstern standen zwölf Tische und bei jedem saßen vier Mädchen. Wir hatten die Ware, die erzeugt wurde, zu sortieren, andere Arbeiterinnen mussten sie zählen und eine dritte Kategorie hatte den Stempel der Firma aufzubrennen. Wir arbeiteten von sieben Uhr Früh bis sieben Uhr abends. Zu Mittag hatten wir eine Stunde Pause, am Nachmittag eine halbe Stunde. Obwohl in der Woche, in der ich zu arbeiten begann, ein Feiertag war, an dem nicht gearbeitet wurde, erhielt ich den vollen Arbeitslohn, der Anfängerinnen gezahlt wurde. Das waren vier Gulden. So gut war ich noch nie bezahlt worden. Außerdem wurde mir in Aussicht gestellt, dass ich bei guter Verwendbarkeit nach einigen Monaten fünfzig Kreuzer Zulage bekommen werde. Ich erhielt sie schon nach sechs Wochen, und nach einem halben Jahre hatte ich schon fünf Gulden Wochenlohn; später bekam ich sechs Gulden.

Ich kam mir fast reich vor. Ich rechnete, wie viel ich mir im Laufe einiger Jahre ersparen würde und baute Luftschlösser. Da ich an außerordentliche Entbehrungen gewöhnt war, hätte ich es für Verschwendung gehalten, jetzt mehr für die Ernährung auszugeben. Wenn ich nur keinen Hunger spürte, aus was die Nahrung bestand, kam für mich nicht in Betracht. Nur schön anziehen wollte ich mich. Wenn ich am Sonntag in die Kirche ging, sollte niemand in mir die Fabrikarbeiterin erkennen. Denn meiner Arbeit schämte ich mich. Das Arbeiten in einer Fabrik war mir immer als etwas Erniedrigendes erschienen. Als ich noch Lehrmädchen war, hatte ich immer sagen gehört, die Fabrikmädchen seien schlecht, liederlich und verdorben. In den kränkendsten Worten wurde von ihnen gesprochen, und ich hatte mir diese irrige Meinung angeeignet. Jetzt ging ich selbst in eine Fabrik, wo so viele Mädchen waren.

Die Arbeiterinnen waren freundlich, sie unterwiesen mich in meiner Arbeit in liebenswürdigster Weise und führten mich in die Gebräuche des Betriebes ein. Die Mädchen des Sortiersaales galten als die Elite des Personals. Der Fabrikant selbst wählte sie aus, während die Aufnahme für den Maschinensaal den Werkführern überlassen blieb. In den anderen Räumen waren Frauen und Männer zusammen, in meinem Saal war ausschließlich weibliches Personal. Männer wurden nur als Hilfskräfte verwendet, wenn die schweren Ballen mit sortierter, gezählter und gebrannter Ware in den Hofraum expediert wurden. Mittags konnten wir unser Essen in der Fabrik einnehmen. Bei schönem Wetter saßen oder lehnten wir auf den Warenballen in dem mit Glas gedeckten Hofraum. Im Winter durften wir in den Maschinensaal gehen. Im Sortiersaal, wo es viel bequemer gewesen wäre, durften wir nicht bleiben, weil die Waren den Geruch von unseren »Speisen« angenommen hätten.

Die in der Nähe der Fabrik wohnenden Arbeiterinnen gingen nach Hause, und diese hatten es am besten, da sie warmes und besseres Essen bekamen. Einige Wochen ging ich zu Bekannten essen. Das war eine wahre Qual. Ich hatte 25 Minuten rasch zu gehen, dann verschlang ich eiligst das heiße Essen und eilte wieder an meine Arbeit, bei der ich immer atemlos und wie gehetzt anlangte. Das hielt ich nicht lange aus und ich blieb lieber wieder in der Fabrik.

Wie traurig und entbehrungsreich das Los der Arbeiterinnen ist, kann man an den Frauen dieser Fabrik ermessen. Hier waren die anerkannt besten Arbeitsbedingungen. In keiner der benachbarten Fabriken wurde so viel Lohn gezahlt, man wurde allgemein beneidet. Die Eltern priesen sich glücklich, wenn sie ihre der Schule entwachsenen 14-jährigen Töchter dort unterbringen konnten. Jede war bestrebt, sich vollste Zufriedenheit zu erwerben, um nicht entlassen zu werden. Ja, verheiratete Arbeiterinnen bemühten sich, ihre Männer, die jahrelang einen Beruf erlernt hatten, in dieser Fabrik als Hilfsarbeiter unterzubringen, weil dann die Existenz gesicherter war. Und selbst hier in diesem »Paradies« ernährten sich alle schlecht. Wer in der Fabrik über die Mittagsstunde blieb, kaufte sich um einige Kreuzer Wurst oder Abfälle in einer Käsehandlung. Manchmal aß man Butterbrot und billiges Obst. Einige tranken auch ein Glas Bier und tunkten Brot ein. Wenn uns vor dieser Nahrung schon ekelte, dann holten wir uns aus dem Gasthaus das Essen. Für fünf Kreuzer entweder Suppe oder Gemüse. Die Zubereitung war selten gut, der Geruch des verwendeten Fettes abscheulich, wir empfanden oft solchen Ekel, dass wir das Essen ausgossen und lieber trockenes Brot aßen und uns mit dem Gedanken an den Kaffee trösteten, den wir für den Nachmittag mitgebracht hatten.

Oft passierte der Fabrikherr den Hofraum, wenn wir dort

unser Mittagessen einnahmen. Manchmal blieb er stehen und fragte, was es »Gutes« gebe. War er besonders gut gelaunt oder war die Arbeiterin, die er anredete, hübsch und verstand sie zu klagen, dann schenkte er ihr Geld, damit sie sich etwas Besseres kaufen könne. Das empörte mich immer; es erschien mir beschämend und reizte mich auf.

Wir versuchten es auch, in eine Auskocherei zu gehen. Da erhielt man für acht Kreuzer Suppe und Gemüse. Für weitere acht Kreuzer kauften sich manchmal zwei zusammen ein Stück gekochtes Fleisch. Ich ging auch einige Zeit in die Auskocherei, als ich noch einmal krank wurde und der Arzt wieder gute Nahrung für das Wichtigste erklärte. Nachdem sich aber mein Zustand gebessert hatte und ich kräftiger geworden war, tat mir diese große Ausgabe wieder leid. Ich wollte ja Geld ersparen, um jederzeit einen Notpfennig zu haben.

Überhaupt konnten sich nur jene Mädchen besser ernähren, die an ihrer Familie eine Stütze hatten. Das waren aber nur wenige. Viel öfter hatten die Arbeiterinnen ihre Eltern zu unterstützen oder sie mussten Kostgeld für Kinder bezahlen. Wie aufopfernd waren diese Mütter! Kreuzer um Kreuzer sparten sie, um es den Kindern zu verbessern und um der Kostfrau Geschenke machen zu können, damit diese den Kindern gute Pflege angedeihen lasse. Manche Arbeiterinnen mussten auch oft für den arbeitslosen Mann sorgen und sich doppelte Entbehrung auferlegen, weil sie allein die Kosten des Hausstandes zu bestreiten hatten. Auch den viel verlästerten Leichtsinn der Fabrikmädchen lernte ich kennen. Gewiss, die Mädchen gingen tanzen, sie hatten Liebesverhältnisse; andere stellten sich um drei Uhr Nachmittag bei einem Theater an, um abends für dreißig Kreuzer einer Vorstellung beiwohnen zu können. Sie machten im Sommer Ausflüge und gingen stundenlang zu Fuß, um die paar Kreuzer Fahrgeld zu ersparen. Das bisschen

Atmen in der Landluft mussten sie dann tagelang mit müden Füßen bezahlen. Das alles kann man Leichtsinn nennen, wenn man will, auch Vergnügungssucht, Liederlichkeit, wer aber hat den Mut dazu?

Ich sah bei meinen Kolleginnen, den verachteten Fabrikarbeiterinnen, Beispiele von außerordentlichem Opfermut für andere. Wenn in einer Familie besondere Not ausgebrochen war, dann steuerten sie die Kreuzer zusammen, um zu helfen. Wenn sie zwölf Stunden in der Fabrik gearbeitet hatten und viele noch eine Stunde Weges nach Hause gegangen waren, nähten sie noch ihre Wäsche, ohne dass sie es gelernt hatten. Sie zertrennten ihre Kleider, um sich nach den einzelnen Teilen ein neues zuzuschneiden, das sie in der Nacht und am Sonntag nähten.

Auch die Mittags- und die Jausenpausen wurde nicht der Ruhe gewidmet. Das Einnehmen der kargen Mahlzeit war rasch besorgt, dann wurden Strümpfe gestrickt, gehäkelt oder gestickt. Und trotz allen Fleißes und aller Sparsamkeit war jede arm und zitterte bei dem Gedanken, die Arbeit zu verlieren. Alle demütigten sich und ließen sich auch das schlimmste Unrecht von den Vorgesetzten zufügen, um ja nicht diesen guten Posten einzubüßen, um nicht brotlos zu werden.

Manchem Mädchen geschah das Unglück, dass einer der Vorgesetzten ihr seine besondere Gunst schenkte. Plötzlich änderte er sein Verhalten. Sie konnte nichts mehr recht machen, sie avancierte nicht und bekam nicht mehr Lohn, dafür erhielt sie Verweise. Es wurde ihr mit Entlassung gedroht und so ein armes Mädchen war dann wie eine Gehetzte, bis sie es nicht mehr ertragen konnte und selber ging.

Von einigen, denen es so ergangen war, gingen dann Gerüchte um. Eine flüsterte es der anderen zu: Man habe sie in bestimmten Gassen in auffallenden Kleidern gesehen, oder sie habe sich zum Fenster hinausgelehnt, um Männer anzulocken. Da wurde dann immer über die Betreffende der Stab gebrochen und auch ich war entrüstet. Keine dachte daran, ob es denn anders gewesen wäre, wenn das Mädchen gleich zu Anfang den Widerstand aufgegeben und die Gunst des Vorgesetzten gewürdigt hätte?

Von einer geheimen und einer öffentlichen Prostitution wusste ich damals noch nichts, nicht einmal das Wort hatte ich je gehört. Später, als ich Ursache und Wirkung besser beurteilen konnte, habe ich auch über diese Mädchen anders zu denken angefangen, besonders als ich im Laufe der Jahre, die ich in der Fabrik arbeitete, manche ältere Arbeiterin kennenlernte, von der erzählt wurde, welchen Beziehungen zu einem Vorgesetzten sie ihre bevorzugte Stellung verdankte. Oder wenn andere einem Werkführer Szenen machten, weil er sie plötzlich zu drangsalieren begann, da er ihrer überdrüssig geworden war und sie am liebsten fortgehabt hätte, um ungehindert eine neue »beglucken« zu können.

Damals dachte ich über all das nicht nach, ich war nur immer bestrebt, meine Arbeit recht zu tun und mit niemandem in Berührung zu kommen. Zudem ereigneten sich in dem Saal, in dem ich arbeitete, solche Dinge nicht; von unserem Vorgesetzten gab es kein freundliches, kein menschliches Wort. Er war ein Tyrann von der schlimmsten Sorte und als eine Herde von Sklavinnen muss er die Arbeiterinnen betrachtet haben. Eine Beschwerde über ihn wagte niemand. Er galt als der bevorzugteste Angestellte des Unternehmens, dem er ohne Zweifel mit großer Treue ergeben war. Dass er selber einst Arbeiter in derselben Fabrik gewesen war, hatte er wohl schon ganz vergessen.

Ich wollte meine Mutter nie verlassen und wollte es durchsetzen, dass sie nicht mehr arbeiten sollte. Ich sparte ebenso sehr wie meine Kolleginnen, und wenn ich einen Tag ein paar

Kreuzer mehr ausgab, so hungerte ich am nächsten buchstäblich. Dass ich mir kein Vermögen ersparen konnte, sah ich nun schon ein, aber für meine Mutter wollte ich sorgen und einen Notpfennig wollte ich haben, um sie im Falle der Erkrankung vor dem Krankenhaus zu behüten, da sie gegen dieses eine große Abneigung hatte. Gleich den anderen Arbeiterinnen pries ich mich glücklich, in dieser Fabrik zu sein und ich verhütete alles ängstlich, was mir hätte Tadel zuziehen können.

»Ein guter Herr«, das war die allgemeine Meinung über meinen »Brotgeber«. Wie gewinnbringend die Ausbeutung der menschlichen Arbeitskraft ist, kann man aber gerade an diesem Fabrikanten sehen; er, der wirklich den Arbeitern mehr gönnte als die meisten anderen Unternehmer, er, der den Arbeitern und Arbeiterinnen, wenn sie krank waren, durch viele Wochen den Lohn fortbezahlte, er, der bei einem Todesfall ansehnliche Beträge an die Hinterbliebenen schenkte und der auch sonst nie eine Bitte abschlug, wenn sich jemand in der Not an ihn wendete, er war dennoch reich geworden durch die produktive Arbeit der in seiner Fabrik arbeitenden Männer und Frauen.

Wie ich trotzdem in dieser Fabrik Sozialdemokratin wurde, werde ich im weiteren Verlaufe erzählen. Vorläufig hielt ich mich nicht mehr für arm. Ganz königlich freute ich mich immer auf das herrliche Sonntagsmahl. Für zwanzig Kreuzer kauften wir Fleisch und ich musste kochen. Später, als mein Lohn größer war, wurde es »noch« besser und ich bekam auch ein Gläschen gezuckerten Weines zu trinken.

Nur eines fehlte mir jetzt zur vollständigen Zufriedenheit. Alle meine Kolleginnen waren gefirmt worden; sie erzählten, wie herrlich es dabei zugegangen sei und was sie von der Firmpatin für Geschenke bekommen hatten. Ich war aber nicht gefirmt worden, da meine Mutter zu stolz war, jemanden zu bitten, meine Patin zu sein. Sie selbst konnte mir nicht das erforderliche weiße Kleid und was sonst dazugehörte, kaufen, so gerne sie es auch gewollt hätte; so hatte ich immer verzichten müssen. Wenn in den Zeitungen stand, dass sich in den Firmungstagen für irgendein armes Kind ein Pate oder eine Patin gefunden hatte, so riet mir meine Mutter, ich solle auch mein Glück versuchen und mich zur Kirche stellen, oder ich müsse warten, bis ich genug verdiene, um mir alles selbst kaufen zu können.

Als ich sechzehn Jahre alt war und mir der erste Mann vom Heiraten sprach, da wandte ich allen Ernstes ein: Aber ich bin ja noch nicht gefirmt. Dieses Sakrament musste nach meiner Anschauung eine richtige Katholikin empfangen haben, ehe sie an die Ehe denken durfte. Jetzt war ich siebzehn Jahre alt und wollte nicht länger warten. Eine junge Kollegin, die mit einem jungen Manne in besseren Verhältnissen verlobt war, wollte meine Patin werden. In einem Abzahlungsgeschäft kaufte ich mir ein schönes lichtes Kleid, elegante Schuhe, einen seidenen Sonnenschirm, feine Handschuhe und einen das ganze krönenden, blumengeschmückten Hut. Das waren Herrlichkeiten! Dazu die Fahrt im offenen Wagen, die Zeremonie in der Kirche mit dem bischöflichen Backenstreich, dann ein Ausflug, ein Gebetbuch und einige nützliche Geschenke. Nun kam ich mir erst ganz erwachsen vor.

Die Mutter ging jetzt auch nicht mehr arbeiten, sie verdiente zu Hause etwas und besorgte die Wirtschaft. Wir hatten ein Zimmer mit zwei Fenstern genommen und mit uns wohnte wieder der jüngste Bruder, aber ohne Schlafkollegen. Wenn ich nun am Sonntag las, konnte ich bei einem Fenster sitzen, das zwar nur in einen engen Hof ging, aber ich war doch überglücklich. Ich las jetzt schon bessere Bücher, auch Klassiker. Großen Eindruck machten auf mich die *Lenauschen* Gedichte. »Anna« habe ich auswendig gelernt, dann »Klara Hebert« und die »Albigenser«. Für *Wielands* »Oberon« hatte ich eine große Schwärmerei; auch *Chamissos* »Löwenbraut« lernte ich auswendig. Goethe begeisterte mich damals noch nicht, ich fand ihn »unmoralisch« und einzelne Epigramme verwarf ich vollständig als »unsittlich«. Erst einige Jahre später waren es die »Wahlverwandtschaften«, die mich bestimmten, immer mehr von *Goethe* zu lesen. Diese, dann »Iphigenie« und die »Natürliche Tochter« habe ich am häufigsten gelesen.

Auch körperlich war ich kräftiger und widerstandsfähiger geworden. Ich war bleich, aber welche meiner Kolleginnen war es nicht? Trotz meiner tatsächlichen Gesundheit konnte ich die Erinnerung an die früheren krankhaften Zustände nicht loswerden. Diese düsteren Schatten der Vergangenheit verfolgten mich und manchmal litt ich ganz entsetzlich darunter. Aus den unscheinbarsten Dingen schloss ich, ich würde wieder krank werden. Ein Zucken des Augenlides, ein Flimmern vor den Augen sah ich schon als Vorboten des gefürchteten Zustandes an. Da kam ich oft tagelang aus dem Angstgefühl nicht heraus; schreckerfüllt wachte ich bei Nacht auf und klammerte mich an die Mutter. Diese litt mit mir. Nachbarinnen wussten allerlei Ratschläge, »Sympathiemittel«, wie man all die abergläubischen Dinge nennt, die oft angewendet werden. Ich war oft wochenlang melancholisch, woraus meine Kolleginnen auf geheimen Liebeskummer schlossen. Ihnen erzählte ich niemals die Ursache meiner Traurigkeit, ich wollte nicht darüber reden, ich bildete mir ein, wenn ich nur von meiner Krankheit reden werde, so wäre das genug, um sie herbeizuführen.

Da in meiner Umgebung viel davon gesprochen wurde, dass man durch eine Wallfahrt Erlösung von allen erdenklichen Sorgen erbitten könnte, so wollte auch ich dieses Mittel versuchen. Ich wollte an dem Gnadenorte recht inbrünstig beten um vollständige Befreiung von der gefürchteten Krankheit, die ich immer drohend vor mir sah, und um ein Zeichen, das mir die Gewährung meiner Bitte verheißen sollte. Zu Fuße gingen wir nach dem drei Stunden entfernten Wallfahrtsorte. Ich war von den frömmsten Empfindungen beseelt.

Nur zu einem konnte ich mich schwer entschließen. Es galt als wichtig, zu beichten und zu kommunizieren, bevor man sich dem wundertätigen Bilde nahte. Davor hatte ich aber immer eine unüberwindliche Abneigung. Dennoch habe ich ohne etwas zu essen den weiten Weg gemacht, da man die Hostie nur nüchtern empfangen darf.

Als ich im Beichtstuhl kniete, wusste ich nicht, was ich sagen sollte; der Priester wartete auf mein Sündenbekenntnis, mir aber fiel nichts Sündhaftes ein, das ich begangen haben sollte. Endlich stellte der Priester Fragen an mich, darunter solche, die mich verwirrten und verletzten. Ich antwortete auf alle mit Nein und wurde mit einer geringen Buße entlassen. Diese betete ich ab, die Kommunion empfing ich aber nicht. Ich konnte mich, trotz aller Frömmigkeit, nicht zum Glauben an die Wunderwirkung der Hostie zwingen, obwohl ich noch an Gott und an eine göttliche Allmacht und auch an die Heiligen und ihre Fürsprache glaubte. Vor den Äußerlichkeiten hatte ich aber immer ein instinktives Gefühl der Abneigung und des Zweifels empfunden. Um so andächtiger betete ich vor dem gekreuzigten Jesus, der in einer Nische wie in einem Grabe lag. Bei der Anbetung war ein entsetzliches Gedränge. Alle rutschten auf den Knien, um die von Nägeln durchbohrten Stellen des hölzernen Erlösers zu küssen. Ich tat es auch und drückte meine Lippen auf die gleichen Stellen, die an diesem Tage schon Hunderte und Aberhunderte, Kranke und Gesunde, vor mir berührt hatten.

In den Kreuzgängen staunte ich alle die Wunder an, die diesem Gnadenorte schon gedankt wurden. Wächserne, silberne und goldene Hände waren in großer Zahl »geopfert« worden, zum Dank für die Heilung einer schon verloren geglaubten Hand. Krücken zur Erinnerung an die Heilung eines lahmen Beines. Zahllose Bilder stellten Rettungsszenen dar; auf einem stürzte ein Kind vom hohen Stockwerk und kam durch das wundertätige Eingreifen der heiligen Jungfrau heil und unversehrt unten an. Auf einem anderen Bilde wurde ein Kind aus den Flammen gerettet, durch Maria, die Himmelskönigin, natürlich nicht durch die Unerschrockenheit des Feuerwehrmannes. Auch Bilder, wo scheu gewordene Pferde ein Kind niederrannten, das wieder durch der Heiligen Hilfe unverletzt blieb, konnte ich anstaunen. Dank für die Rettung aus Todesgefahren jeder Art; Dank für die Rettung vor Siechtum und Dank für die Rettung vom Bankrott; und auch Dank für den Abschluss einer glücklichen Heirat. Für alle diese wunderbaren Taten hatten die Glücklichen reiche Geschenke dargebracht; auf Widmungen konnte man alle diese wundersamen Dinge lesen.

Ich kann nicht sagen, dass ich frei von Zweifeln blieb, hatte ich selber doch nur zu oft vergebens um Hilfe gebetet. Aber ich kaufte auch meine Opferkerze, ohne zu wissen, dass wenn man wirklich will, dass sie geopfert wird, man dabeistehen muss, bis sie verbrannt ist. Erst später erlangte ich Kenntnis, dass eine Kerze wiederholt verkauft wird und dass an diesen Opferungen nicht nur die Kerzenfabrikanten ein Geschäft machen, sondern auch die Kirche Zinsen und Zinseszinsen daran verdient.

Die »Hauptattraktion« des Wallfahrtsortes ist ein Gnadenbild der »Muttergottes«. Zu dem Bilde gelangt man über eine Stiege, die man nur auf den Knien rutschend berühren darf. Auf jeder Stufe betet man ein Vaterunser, nur so soll man Erfüllung des Wunsches erlangen, den man an die Gnadenreiche richtet. Ich sah die Frauen von Stufe zu Stufe rutschen und tat es auch. Wie war diese Maria geschmückt! Silber, Gold und

Perlen in von mir nie geschauter verschwenderischer Fülle und Pracht konnte ich da bewundern. Alles funkelte und glänzte an ihr. Dieser Maria durfte man aber nicht nahe kommen, durch ein Gitter war sie samt ihren Kostbarkeiten vor jeder Berührung geschützt. Nur aus ehrfürchtiger Entfernung konnte man zu der Wunderbaren anbetend aufschauen. Diesen Glanz vor Augen sollte ich in frommem, andächtigem Gebet meinen Wunsch darbringen. Kein Gedanke soll auf die Außenwelt gerichtet sein, ganz in Gott und Maria soll sich das Innere des Hilfe heischenden Menschen befinden. Was Wunder, dass ich mit bangen Zweifeln von der Wallfahrt heimkehrte! Hatten doch meine Blicke so sehr auf der glänzenden Ausstattung der Maria geweilt, dass ich, wie ich fühlte, die rechte Andacht nicht zustande gebracht hatte.

Die Wallfahrt blieb auch ohne Wirkung, meine Angst hatte sich nicht vermindert. Ich wollte es noch einmal versuchen und wir gingen nach einem Gnadenort, dem man noch mehr Wunderkraft zusprach. Er war entfernter, man hatte also Gelegenheit, während des Weges mehr Sünden abzubüßen. An einem heißen Sonntag im Juli machten wir uns um vier Uhr Früh auf den Weg. Fünf Stunden hatten wir zu gehen. Wir gönnten uns unterwegs keinen Tropfen Wasser; ich wollte entbehren, wollte Buße tun, um der Gnade teilhaftig zu werden. Müde, hungrig und durstig, über und über mit Staub bedeckt, kamen wir an. Tausende von Menschen sammelten sich im Laufe des Vormittags an. Nicht nur die Kirche, auch die Gasthäuser waren mit Menschen überfüllt. Das Gedränge beim Gottesdienst in der Kirche, wo die Wallfahrer mit Fahnen ihren Einzug hielten, war so groß, dass von einer wirklichen Andacht keine Rede sein konnte. Es war ein fortwährendes Kommen, Gehen, Stoßen und Drängen. Dann wieder Hilfegeschrei und noch größeres Gedränge, da man die in der furchtbaren Atmosphäre ohnmächtig Gewordenen hinausschaffen musste. Krüppel, die sich mühsam auf Krücken schleppten, andere Unglückliche, die vor den halb erblindeten Augen Schirme trugen; kranke Kinder auf den Armen ihrer Mütter, hochschwangere Frauen, die um ein gutes Wochenbett baten, daneben andere, die sich von der Wallfahrt Fruchtbarkeit erhofften. Sie alle in diesem wilden Stoßen, Zerren und Schelten. Nachher überfüllte Restaurants, wo zügellos getrunken und gelärmt wurde. Ich war abgestoßen und angewidert und machte keine Wallfahrt mehr mit. In meinem Glauben war ich zwar noch nicht erschüttert, aber dunkel hatte ich die Vorstellung, dass man daheim würdiger beten könne als in einer Umgebung, die eher an das Getriebe bei einem Kirchweihfest im Dorfe denn an ein Gotteshaus erinnerte.

Ich las nicht nur gerne Romane und Erzählungen, ich hatte, wie schon erwähnt, angefangen, auch Klassiker und andere gute Bücher zu lesen. Auch an öffentlichen Ereignissen nahm ich lebhaften Anteil. Ich war knapp fünfzehn Jahre alt, als über Wien der Ausnahmezustand verhängt wurde. Eine der Kundmachungen, die begann: »Mein lieber Graf Taaffe« war in der Gasse angeschlagen, in der ich arbeitete. Soviel ich mich erinnere, verbot sie auch das Beisammenstehen von mehreren Personen. Ich las höchst interessiert diese Proklamation und kam aufgeregt zu meinen Kolleginnen. Ich kann heute nicht mehr sagen, welche Stimmung mich da überkommen hatte, aber sehr gut weiß ich noch, dass ich auf unsren kleinen Arbeitstisch stieg und eine Anrede an die »Schwestern und Brüder« hielt, in der ich Mitteilung von der Verhängung des Ausnahmezustandes machte. Ich verstand ja eigentlich von der Sache nichts, hatte niemanden, der mit mir darüber redete und war überhaupt, bewussterweise, noch gar nicht demokratisch gesinnt. Damals schwärmte ich ja noch für Kaiser und Könige und hochgestellte Personen spielten in meiner Fantasie keine geringe Rolle. Aber alles, was Politik hieß, interessierte mich lebhaft. So machte ich sehr oft an Sonntagen Besuche bei einem Bekannten meiner Mutter, einem alten Manne, weil mir dieser von Kriegen und historischen Vorkommnissen erzählte. Das mexikanische Kaiserdrama des österreichischen Erzherzogs Max wurde immer wieder erörtert.

Schon als Lehrmädchen habe ich mir oft nichts zu essen gegönnt, um mir eine Zeitung kaufen zu können. Aber nicht die Neuigkeiten interessierten mich, sondern die politischen Leitartikel. Jetzt, wo ich einen beständigen Verdienst hatte, kaufte ich mir eine dreimal wöchentlich erscheinende Zeitung. Es war ein streng katholisches Blatt, das über die sich bemerkbar machende Arbeiterbewegung sehr abfällig urteilte. Seine Tendenz war, zur patriotischen und religiösen Gesinnung zu erziehen. Zwei Anschauungen rangen in mir um die Oberhand. Ich nahm warmen Anteil an allen Vorgängen in den fürstlichen Familien und war über Handlungen der Erzherzoge und über die Zustände der Prinzessinnen besser unterrichtet als über Dinge, die meine nächste Umgebung betrafen. Ich trauerte mit Spanien um Alfons XII. und das Bild, das meine Zeitung von Maria Christina brachte, wie sie sich mit ihrem Säugling im Arme den Untertanen zeigte, hob ich wie eine Reliquie auf. Um Alexander von Battenbergs willen wünschte ich Russland Krieg und Niederlage und auch der Bulgarenfürst befand sich lange in meiner Bildergalerie. Der Tod des Kronprinzen von Österreich ging mir so zu Herzen, dass ich tagelang weinte. Aber nicht nur die Geschicke der Dynastien erschütterten mich, auch die politischen Verwicklungen hielten mich in Spannung. Die in meiner Zeitung erwogene Möglichkeit eines Krieges mit Russland versetzte mich in patriotische Begeisterung. Ich sah meine Brüder schon ruhmbedeckt vom Schlachtfelde heimkehren und mich selber hätte ich am liebsten in der Rolle einer »Heldin von Wörth« gesehen, von der ich in einem Roman gelesen und die von Wilhelm I. mit dem »Eisernen Kreuz« ausgezeichnet wurde.

Daneben las ich die Geschichte der Französischen und der Wiener Revolution, die mir von dem Vater einer Kollegin geliehen wurde. Zu einer einheitlichen Auffassung konnte ich mich aber noch lange nicht durchringen. Ja, als eine besonders starke antisemitische Strömung im politischen Leben bemerkbar wurde, sympathisierte ich vorübergehend mit dieser Richtung. Eines hatte mich dazu bewogen. Ein Flugblatt: »Wie gelangt Israel zu Macht und Herrschaft über alle Völker der Erde« hatte mir's angetan. Da gelangte ich nebst vielen anderen Greueltaten, die dem Volke Israels angedichtet wurden, auch zur Kenntnis des Märchens vom Ritualmord. Ich las weiter, dass die Juden die »Töchter der Gojims« (Christen) schänden wollen, um die eigenen Frauen und Töchter zu schonen. Diese Behauptung beeinflusste mich am meisten. Ich wollte auch beitragen zur Abwehr der jüdischen Anschläge und beschloss, dem jüdischen Geschäfte, wo ich bisher meine Kleider gekauft hatte, meine Kundschaft zu entziehen. Meine Kolleginnen beredete ich zu gleichem Handeln. Um diese Zeit betätigte sich auch eine anarchistische Gruppe. Einige mysteriöse Morde, die sich ereigneten, wurden den Anarchisten zugeschrieben und die Polizei benützte sie, um die aufstrebende Arbeiterbewegung zu drangsalieren. Das alles verfolgte ich mit brennendem Interesse. Alle anderen Dinge, von denen man sagt, dass um ihretwillen Frauen Zeitungen lesen, ließen mich kalt, ich überflog sie kaum. Die Anarchistenprozesse verfolgte ich aber mit leidenschaftlicher Anteilnahme. Ich las alle Reden, und da, wie das immer zu geschehen pflegt, *So-*

zialdemokraten, die man eigentlich treffen wollte, unter den Angeklagten waren, so lernte ich deren Anschauungen kennen. Ich war begeistert. Jeder einzelne Sozialdemokrat, den ich aus der Zeitung kennenlernte, erschien mir wie ein Held. Dass ich selber ihre Mitkämpferin werden könnte, fiel mir gar nicht ein. So hoch und erhaben erschien mir alles, was ich von ihnen las, dass es mir fantastisch vorgekommen wäre, auch nur daran zu denken, dass ich unwissendes, unbekanntes und armes Geschöpf auch einmal tätigen Anteil an ihren Bestrebungen nehmen könnte.

Es kam zu Arbeiterunruhen; die Arbeitslosigkeit hatte großen Umfang angenommen, ganze Gewerbe stockten und die Polizei glaubte, die Unzufriedenheit und zunehmende Not mit Schikanen unterdrücken zu können. Sie löste Fachvereine auf und konfiszierte die Kassen. Das steigerte selbstverständlich die Empörung und es kam zu demonstrativen Umzügen. Als sich diese wiederholten, rückte Militär in die »bedrohten« Straßen. »Gewehr bei Fuß« und »hoch zu Ross« wurden sie aufgestellt. Ich stürmte abends aus der Fabrik in höchster Erregung auf den Schauplatz der Ereignisse. Das Militär schreckte mich nicht, ich wich erst vom Platze, als »geräumt« wurde.

Später wohnten wir mit einem meiner Brüder, der geheiratet hatte, zusammen. Zu ihm kamen Kollegen, darunter einige intelligente Arbeiter. Sie lasen das Fachblatt ihrer Branche und auch ich hatte Interesse daran. Einer dieser Arbeiter war besonders intelligent und mit ihm sprach ich am liebsten. Er hatte viele Reisen gemacht und konnte manches erzählen. Er war der erste Sozialdemokrat, den ich kennenlernte. Er brachte mir viele Bücher und erklärte mir den Unterschied zwischen Anarchismus und Sozialismus. Von ihm hörte ich auch zum ersten Mal, was eine Republik sei – und trotz meiner früheren dynastischen Schwärmereien entschied ich mich für die republikanische Staatsform. Ich sah alles so nahe und greifbar, dass ich förmlich die Wochen zählte, die bis zur Umwälzung des Staats- und Gesellschaftswesens noch vergehen mussten.

Von diesem Arbeiter erhielt ich das erste sozialdemokratische Parteiblatt. Er kaufte es nicht regelmäßig, sondern nur wenn er gerade dazu kam, wie dies leider so viele machen. Ich aber bat ihn jetzt, jede Woche die Zeitung zu bringen, und wurde selbst ständige Käuferin. Die theoretischen Abhandlungen konnte ich nicht sofort verstehen, was aber über die Leiden der Arbeiterschaft geschrieben wurde, das verstand und begriff ich und daran lernte ich erst mein eigenes Schicksal verstehen und beurteilen. Ich lernte einsehen, dass alles, was ich erduldet hatte, keine göttliche Fügung, sondern von den ungerechten Gesellschaftseinrichtungen bedingt war. Mit grenzenloser Empörung erfüllten mich die Schilderungen von der willkürlichen Handhabung der Gesetze gegen die Arbeiter. Die Aufhebung des Sozialistengesetzes in Deutschland, unter dem die Sozialdemokraten so schwer zu leiden gehabt hatten, wurde von mir mit großem Jubel begrüßt, obwohl ich noch außerhalb der Partei stand und von niemand gekannt wurde. Selbst in Versammlungen war ich noch nicht gewesen, ich wusste gar nicht, dass Frauen in Versammlungen Zutritt hatten, außerdem widersprach es ganz meiner bisherigen Auffassung, allein in ein Gasthaus zu gehen. Mied ich doch fast jedes Vergnügen, jede Zerstreuung, um nur in keine Gesellschaft zu kommen, die meinen Empfindungen nicht zusagte. Auch meine Mutter schärfte mir immer ein: »Ein braves Mädel wird zu Hause gesucht.« So saß ich denn immer daheim, mit einem Buche oder einer Handarbeit beschäftigt, während ich, noch halb unbewusst, schon mächtige Sehnsucht nach dem Verkehr mit gleichgesinnten und gleichdenkenden Menschen empfand.

In der Fabrik war ich eine andere geworden, seit sich meine

Gedanken von der früheren, schwermütigen Sentimentalität etwas freigemacht hatten. Früher hatte ich mich abgesondert, damit zwischen mir und meinen Kolleginnen nicht zu viel Intimität entstehe. Zuerst hatte man das für Scheu und Schüchternheit gehalten, dann, als es nicht anders wurde, für Stolz. Da ich aber immer gefällig war und mich nie ausschloss, wenn es sich um irgendwelche gemeinsame Hilfeleistung zugunsten einer Kollegin handelte, gewöhnte man sich an mein Wesen. Auch die Arbeiter, mit denen die Mädchen in den Pausen im Hofraum scherzten, ließen mich schließlich meine eigenen Wege gehen. Man nannte mich wohl auch stolz, wenn ich mich an den Unterhaltungen nicht beteiligte und es vermied, mit den Männern zu reden. »Die meint wohl auch, dass sie einen Grafen bekommt«, wurde öfter gesagt.

Jetzt, wo ich ein Ziel vor mir hatte und wo ich ganz durchdrungen war von dem Gedanken, dass alle Menschen das wissen müssten, was mir bewusst geworden war, jetzt gab ich meine Zurückhaltung auf und erzählte meinen Kolleginnen alles, was ich über die Arbeiterbewegung las. Früher hatte ich auch manchmal erzählt, wenn man mich darum gebeten hatte. Aber statt *Ohnets* »Hüttenbesitzer« oder vom Schicksale irgendeiner Königin erzählte ich jetzt von Unterdrückung und Ausbeutung. Ich erzählte von den angesammelten Reichtümern in den Händen weniger und führte als Kontrast die Schuhmacher an, die keine Schuhe, die Schneider, die keine Kleider hatten. Ich las in den Pausen die Artikel der sozialdemokratischen Zeitung vor und erklärte, was Sozialismus sei, so gut ich es eben verstand. Mit Leidenschaft verteidigte ich meine Sache, als man die Anarchisten mit den Sozialisten auf eine Stufe stellte.

Meine Tätigkeit blieb nicht unbemerkt; die Vorgesetzten wurden aufmerksam und man sprach von mir. Ich war aber ängstlich bemüht, keinen berechtigten Anlass zu einem Tadel zu geben. Früher war ich, so wie die anderen, oft zu spät gekommen, jetzt gewöhnte ich mir Pünktlichkeit an. Meine Arbeit machte ich peinlich gewissenhaft, es war in mir instinktiv die Ansicht gereift, dass man, wenn man einer großen Sache dienen wolle, auch in kleinen Dingen seine Pflicht tun müsse. Ich hatte das damals noch nicht genau auszudrücken verstanden, aber tatsächlich war ich von dieser Anschauung beherrscht. Wenn ich in den Pausen mit Wärme und Lebhaftigkeit den Inhalt meiner Zeitung vortrug und zu erklären versuchte, so kam es manchmal vor, dass einer der Kontorbeamten vorüberging und kopfschüttelnd zu einem anderen sagte: »Das Mädel spricht wie ein Mann.«

Meine Zeitung holte ich mir jetzt jede Woche selbst. Als ich das erste Mal den Verkaufsraum des sozialdemokratischen Blattes betrat, war mir zumute, als betrete ich ein Heiligtum. Und wie ich meine ersten zehn Kreuzer für den Wahlfonds der deutschen Sozialdemokratie unter dem Motto »Fester Wille« ablieferte, da fühlte ich mich schon als ein Glied der großen Kämpferschar, obwohl ich noch keinem Vereine angehörte und außer dem Freunde meines Bruders noch keinen Sozialdemokraten gesprochen hatte.

Da ich in meiner Zeitung immer las: »Werbet neue Abonnenten!«, »Verbreitet Eure Zeitung«, bemühte ich mich in diesem Sinne zu wirken. Als ich dann jede Woche nicht nur eine Zeitung, sondern zwei, dann drei und schließlich gar zehn Stück holen konnte, da war mein Hochgefühl mit nichts mehr zu vergleichen. Mein Weg um die Zeitung hatte immer etwas Feiertägiges für mich. Ich zog an diesem Tage mein schönstes Kleid an, so wie früher, wenn ich in die Kirche ging.

Obwohl in der sozialdemokratischen Zeitung über Religion wenig geschrieben wurde, so war ich doch von allen religiösen Vorstellungen frei geworden. Es war das nicht mit einem Male gegangen, es hatte sich langsam entwickelt. Ich glaubte nicht mehr an einen Gott und an ein besseres Jenseits, aber es kamen mir doch immer wieder Bedenken, ob es nicht vielleicht doch etwas gebe. An dem gleichen Tag, an dem ich mich bemüht hatte, meinen Kolleginnen zu beweisen, dass die Erschaffung der Welt in sechs Tagen nur ein Märchen sei, dass es einen allmächtigen Gott nicht geben könne, weil dann so viele Menschen nicht so harte Schicksalsschläge erdulden müssten, am Abend desselben Tages faltete ich doch wieder die Hände, wenn ich in meinem Bette lag, und hob meine Augen zu dem Marienbild empor. »Vielleicht doch«, dachte ich unwillkürlich immer wieder. Gesagt hätte ich es keinem Menschen, dass mich solche Zweifel quälten. Aber die Schilderungen über Sibirien und die schrecklichen Dinge, die aus der Petersburger Schlüsselburg in die Öffentlichkeit drangen und die ich aus meiner Zeitung erfuhr, benützte ich, um meinen Kolleginnen zu beweisen, dass es keinen Gott geben könne, der die Geschicke der Menschen beeinflusst.

Meine sozialdemokratische Überzeugung wurde immer bestimmter und ich musste in der Fabrik vieles erdulden. Mein unmittelbarer Vorgesetzter, der seine tyrannische Macht über unseren ganzen Saal ausübte, war immer brutal und mürrisch. Mir erschien er jetzt geradezu als ein Teufel. Er war der erste Mensch, den ich wirklich hasste, und obwohl viele Jahre verflossen sind, seit ich seiner Machtsphäre entrückt bin, spüre ich noch heute allen Groll und allen Hass, wenn ich an ihn denke. Wenn im Laufe der Jahre in der Fabrik manches verschlechtert wurde, so war dies wesentlich ihm zuzuschreiben. Er konnte jeder, die sich seinen Groll zugezogen hatte, wenn auch nur deswegen, weil sie sich gegen einen ungerechtfertigten Tadel zu verteidigen versucht hatte, das Dasein in der Fabrik zur Hölle machen. Ich hatte ihm bisher nie Anlass gegeben, sich mit mir besonders zu beschäftigen. Jetzt wurde das anders, denn auch er bemerkte meinen Einfluss auf meine Kolleginnen. Das gefiel ihm nicht und er begann mich zu beobachten. Er fing an meine Arbeit besonders zu kontrollieren; wenn er sich sonst begnügt hatte, einmal des Tages nachzusehen, und wenn er bei mir oft ganz darauf verzichtet hatte, so kam er jetzt zehnmal im Tage. Ich war keinen Augenblick sicher, ob er nicht kommen und in meiner Arbeit herumwühlen würde, um nach Fehlern zu suchen. Wenn ich aufstand, um mir ein Glas Wasser zu holen, so ging er hinter mir her und blieb stehen, bis ich getrunken hatte, um mir dann wieder zum Tische zurück zu folgen. Jeder Schritt, den ich tat, jede Bewegung, die ich machte, wurde von ihm verfolgt. Eines Tages sprach mich mein Arbeitgeber an, um mir mitzuteilen, dass mein Vorgesetzter mit mir unzufrieden sei. »Denken Sie daran, dass Sie für eine alte Mutter zu sorgen haben«, sagte er zum Schlusse. Ich war so bestürzt und fassungslos, dass ich nicht sofort erwidern konnte. Als ich mich aber gefasst hatte, suchte ich ihn wieder zu treffen und bat ihn, mir zu sagen, warum der Werkführer mit mir unzufrieden sei. Ich verwies darauf, dass meine Arbeit trotz der häufigen Kontrolle immer in Ordnung sei. Der Fabrikant – als »Brotgeber« betrachtete ich ihn schon lange nicht mehr – sah mich einen Augenblick an, dann ging er mit den Worten: »Es ist gut, arbeiten Sie so wie bisher.«

Von der »Frauenfrage« hatte ich noch immer keine Ahnung. Darüber stand nichts in der Zeitung und eine andere Presse als die sozialdemokratische las ich nicht mehr. Ich kannte auch keine Frau, die sich für Politik interessiert hätte. Ich galt als eine Ausnahme und betrachtete mich selbst als eine. Die soziale Frage, wie ich sie damals verstand, hielt ich für eine Männerfrage und ebenso die Politik. Nur hätte ich gerne ein Mann sein mögen, um auch ein Anrecht auf die Beschäftigung mit Politik zu haben. Dass die Sozialdemokraten den Frauen die Gleichberechtigung mit dem Manne erkämpfen wollen, erfuhr ich zum ersten Mal, als ich nach dem Hainfelder Parteitage der österreichischen sozialdemokratischen Arbeiterpartei das sozialdemokratische Programm las. Wie aber Frauen selbst an den Parteibestrebungen mitarbeiten könnten, wusste ich noch nicht. Da las ich eines Tages in der sozialdemokratischen Zeitung folgenden Artikel:

»Das Weib im XIX. Jahrhundert«, so betitelt sich ein großes Fest, das zu wohltätigem Zwecke abgehalten wurde. Der Hauptpunkt der originellen Schaustellung war die »Vorführung der Erwerbstatigkeit der Frau«. »Es gehört die ganze Frivolität, die ganze gedankenlose Frechheit unserer ›Wohltätigen‹ dazu, um den wundesten Punkt des ganzen Gesellschaftskörpers, um jene Eiterbeule, die in sich allein den ganzen Jammer der heutigen Menschheit zusammenfasst und aufweist, zum Gegenstand eines ›großen Festes‹ zu machen. ›Das Weib im XIX. Jahrhundert‹, die Sklavin, die in doppelter Eigenschaft als Marktware verhandelt wird, als Lustobjekt und als Ausbeutungsobjekt, das Weib des XIX. Jahrhunderts, als Königin des Festes! – Die Erwerbstätigkeit des Weibes wurde vorgeführt; da sah man wohl die schmutzigen, herabgekommenen Ziegelschlägerinnen, bewundert von den Verwaltungsräten der Aktiengesellschaft; oder die Spitzenklöpplerinnen mit ihrem Taglohn von 30 Kreuzern für 16-stündige Arbeitszeit, bekomplimentiert von ihren Ausbeutern, den »Protektoren« der Spitzenindustrie; oder die Sklavinnen der Spinnereien und der Webereien und die Herren Ausbeuter machten wohl eben den Versuch, ihnen die Vorteile der Nachtarbeit klarzumachen; oder die armen Weiber, die in der Nagelschmiede stehen mit verschwielten und verbrannten Händen – sie alle getreten, ausgebeutet, abgerackert und zu Tode gehetzt. Oder hat sich die noble Gesellschaft einmal die Lehrerinnen ›vorgeführt‹, die gelehrten Haussklavinnen, wie die Dienstboten in allen ihren Unterarten die ungelehrten Sklavinnen sind, beide der Gegenstand der ungezügelten Laune, der unverhohlenen Verachtung dieser wohltätigen Welt? Und wie war ihnen die Erwerbstätigkeit ›des Weibes im XIX. Jahrhundert‹ vorgeführt, welche *Prostitution* heißt, die Prostitution geheiligt durch die gesetzliche Ehe, und jene von Fall zu Fall, die Prostitution der Straße? Wäre das ganze Spiel nicht gleißnerische Lüge, heuchlerischer Selbstbetrug gewesen, wäre ein einziger Strahl der nackten Wahrheit in den glänzenden Saal gedrungen, fürwahr, das Bild des ›Weibes im XIX. Jahrhundert‹, wie *es wirklich ist*, hätte genügt, um die Gesellschaft aufzujagen aus ihrem Taumel, sie auseinanderzuscheuchen in Scham und Entsetzen. Aber sie sind blind! Und wo sie nicht blind sind, lieben sie die Verblendung. Wie könnten sie leben, ohne diese selbstgeschaffene Blindheit!«

Das las ich in der sozialdemokratischen Zeitung, in *meiner* Zeitung, wie ich sie mit freudigem Stolze nannte, und die Wirkung war unbeschreiblich. Ich schlief nicht; wie Schuppen war es mir von den Augen gefallen und ich grübelte über das Gelesene nach. Ich kam aus dem Zustand der Erregung nicht heraus und alles in mir drängte nach Betätigung. Ich konnte das Gelesene unmöglich für mich behalten, die Worte drängten sich mir förmlich auf die Lippen, wie ich reden wollte. Ich stieg zu Hause auf einen Stuhl und hielt eine Ansprache, wie ich es machen würde, wenn ich in einer Versammlung zu reden hätte. »Die geborene Rednerin«, urteilte man. Ein Kollege meines Bruders brachte mir Bücher aus der Bibliothek des Arbeitervereines, in dem er Mitglied geworden war. Wie beneidete ich alle, die sich betätigen konnten. »Wäre ich doch ein Mann«, wiederholte ich immer wieder. Dass ich auch als Mädchen in der sozialistischen Bewegung oder im politischen Leben überhaupt etwas leisten könnte, wusste ich damals noch nicht. Nie hörte oder las ich von Frauen in Versammlungen, und auch alle Aufforderungen »meiner Zeitung« waren immer nur an die Arbeiter, an die Männer gerichtet. Als der *Pariser Sozialisten-Kongress* die Arbeitsruhe an einem Tag als Kundgebung für den *Achtstundentag* beschloss, stand ich noch immer allein und konnte gar nichts für »die Sache« tun. Das, was ich meinen Kolleginnen erzählte, die Verbreitung der Zeitung durch mich, erschien mir so nichtig und so geringfügig, dass es mir keine Befriedigung bot. Später lernte ich erkennen, von welch unschätzbarem Werte gerade diese Tätigkeit für die Ausbreitung des Sozialismus ist.

Aus der Bibliothek des Arbeitervereins erhielt ich viele Bücher, die ernstes Nachdenken erforderten. Die »Neue Zeit« wurde meine Lektüre, ich las alle Jahrgänge, die in der Bibliothek vorhanden waren, nach. Aber ich wollte mich gründlich »bilden« und ließ mir auch Bücher bringen, die nicht sozialistisch waren. Ich arbeitete neun Bände Weltgeschichte durch und sogar das »Buch der Erfindungen« wollte ich studieren. Alle Bemühungen waren aber fruchtlos, ich konnte mich zu dieser trockenen Literatur nicht zwingen, nur der Abschnitt über die *Korkrinde* fesselte mich, da diese mit meinem Berufe im Zusammenhang war. Friedrich *Engels'* »Die Lage der arbeitenden Klassen in England« erschütterte mich tief und stärkte mein revolutionäres Empfinden. Eine kleine Broschüre: »Das Recht auf Faulheit« von *Lafargue* gefiel mir außerordentlich, und als ich später in Versammlungen zu reden begann, gehörte sie zu meinem Material. Große Begeisterung empfand ich für Ferdinand *Lassalle.* »Die Wissenschaft und die Arbeiter«, dann »Die Feste, die Presse und der Frankfurter Abgeordnetentag« las ich immer wieder, um in den Inhalt einzudringen. Auch *Liebknechts* als Broschüre erschienene Festrede: »Wissen ist Macht« gehörte zu den ersten sozialistischen Schriften, die mich beeinflussten. Eine große Zahl revolutionärer Freiheitsgedichte lernte ich auswendig.

Obwohl ich mich so viel mit Sozialismus beschäftigte, war ich noch immer in keiner Versammlung gewesen, ich verfolgte aber mit brennendem Interesse alle Berichte und kannte die Namen aller Redner. Endlich wollte ich aber doch einer Versammlung beiwohnen. Als zufällig an einem Sonntag eine Versammlung stattfand, bei der der bekannteste und hervorragendste Führer sprechen sollte, ging mein Bruder mit mir hin. Es war im Dezember und eine trockene Kälte hatte seit Wochen geherrscht. Viele Leute waren arbeitslos und sehnsüchtig wurde der Himmel beobachtet, ob denn noch immer kein Schnee zu erwarten sei. »Auch der Herrgott vergisst die armen Leute«, konnte man sehr oft aussprechen hören. An diesem für mich wichtigen Sonntag war der ersehnte Schnee gefallen. Man musste sich förmlich durch die Schneemassen durcharbeiten. Die Versammlung war in einem großen Saale eines entlegenen Arbeiterbezirkes. Als wir kamen, standen die Menschen schon Kopf an Kopf; sie rieben sich die Hände und stampften mit den Füßen, um sich zu erwärmen. Ich hatte Herzklopfen und spürte, wie mein Gesicht glühte, als wir uns durch diese Menge drängten, um in die Nähe der Rednertribüne zu gelangen. Ich war das einzige weibliche Wesen im Saale und alle Blicke richteten sich erstaunt auf mich, als wir uns durchdrängten. Den Redner konnte ich nur undeutlich sehen, denn er war in eine Wolke von Tabak- und Zigarrenrauch gehüllt. Er sprach über: »Die kapitalistische Produktionsweise«.

Und wieder waren es neue Offenbarungen für mich. Was ich instinktiv gefühlt hatte, aber noch nicht auszudenken vermochte, hörte ich hier klar und überzeugend vortragen. Der Redner begann mit dem Hinweis auf den Schneefall und beleuchtete daran das Verkehrte und Sinnlose der »gegenwärtigen Gesellschaftsordnung«. »Das, was in einer vernünftigen Gesellschaft als Elementarereignis und Verkehrshindernis angesehen würde, wird heute als ein Glück gepriesen, durch das Hunderte Menschen vor dem Verhungern bewahrt werden; Menschen, die keine Arbeit haben, nicht weil sie nicht arbeiten wollen, sondern deshalb, weil durch die wahnsinnigen Gesellschaftseinrichtungen und eine kurzsichtige Gesetzgebung andere Menschen so lange arbeiten müssen, bis sie vor Erschöpfung zusammenbrechen.«

Diese Einleitung blieb in meinem Gedächtnisse haften und meine Gedanken arbeiteten daran weiter. Die zweite Versammlung besuchte ich am Weihnachtstag; dort waren außer mir noch zwei Frauen anwesend. Der Redner sprach über »Klassengegensätze«. Er sprach gut, wirkungsvoll, hinreißend. Ich hörte ihn die leidensvolle Geschichte meiner eigenen Weihnachtsfeste schildern und im Gegensatz zu den Entbehrungen der Armen den Überfluss der Reichen. In mir drängte alles hinzurufen: »Das weiß ich auch, das kann ich auch erzählen!« Aber noch wagte ich kein Wort, ich hatte nicht einmal den Mut, Beifall zu spenden. Das hielt ich für unweiblich und nur für ein Recht der Männer. Auch wurde in den Versammlungen nur für Männer gesprochen. Keiner der Redner wendete sich auch an die Frauen, die allerdings nur sehr vereinzelt anwesend waren. Es schien alles nur Männerleid und Männerelend zu sein. Ich empfand es schmerzlich, dass man über die Arbeiterinnen nicht sprach, dass man sich nicht auch an sie wandte, um sie zum Kampfe aufzurufen.

Die dritte Versammlung, die ich besuchte und die ich ihres Charakters wegen noch anführe, war eine Wählerversammlung. Die Polizei duldete keine Frauen in diesen politischen Versammlungen und doch wollte ich so gerne einer beiwohnen. Einmal gelang es meinen Bitten, die Ordner zu überreden, mich einzulassen, doch musste ich ganz rückwärts in einer Ecke bleiben. Zum ersten Mal hörte ich hier vom sozialdemokratischen Standpunkt über den *Militarismus* reden. Und wieder fiel ein Teil meiner früheren Anschauungen in Trümmer. Bis dahin hatte ich den Militarismus als etwas Selbstverständliches und Unentbehrliches angesehen. Dass meine Brüder des »Kaisers Rock« getragen, hatte mich mit Stolz erfüllt und der wäre mir nicht als rechter Mann erschienen, der diese patriotische Pflicht nicht erfüllt hätte. Wenn ich mir in meinen Mädchenträumen den Mann vorstellte, der mein Gatte werden würde, dann gehörte auch die militärische Tauglichkeit zu den Eigenschaften, die er hätte besitzen müssen. Und jetzt fiel auch dieses Ideal. Als Volksbelastung wurde der Militarismus geschildert und ich musste dem beistimmen. Der Krieg, ein Menschenmorden, nicht zur Verteidigung der Landesgrenzen vor einem bösen wilden Feind, sondern im Interesse der Dynastien, diktiert von Ländergier oder eingefädelt durch diplomatische Intrigen.

Alles, was ich hörte, kam mir so natürlich vor, dass ich mich nur wunderte, warum so wenige Menschen diese Dinge verstanden.

Mir war durch die Versammlungen eine neue Welt erschlossen worden und alles in mir drängte nach eigener Betätigung. Ich wollte mithelfen und mitkämpfen und wusste doch nicht, wie ich das anfangen sollte. Unter all diesen Einflüssen war ich aber eine ganz andere geworden. Menschen, die von meinen politischen Idealen nichts verstanden oder die davon nichts wissen wollten, erschienen mir direkt als Feinde. Ich wollte aber bekehren und wollte »politisieren«. Ich begann mit meinen Brüdern und ihren Frauen in Gesellschaften zu gehen, die ich früher gemieden hatte. Man hatte mich stolz und hochmütig genannt und hatte mir auch Vorstellungen gemacht, nicht so ein Klosterleben zu führen, sondern meine Jugend zu genießen. Wenn ich manchmal mitging, kam ich mir wie ein Opferlamm vor. Jetzt ging ich gerne mit. Ich wollte Gelegenheit haben, über die Sozialdemokratie zu reden, und war der Meinung, dass man mit Männern über Politik mehr reden könnte als mit Frauen.

Wie sehr ich die politische Reife der Männer überschätzt hatte, erfuhr ich nur zu bald. Ich wollte für den Wahlfonds sammeln. Als ich einer lustigen Gesellschaft das auseinander setzte, meinte einer, ein Gewerbetreibender: »Für den Wahlfonds? Wer ist denn das? Ah, ich weiß schon, der verunglückte Wagenwascher.« Und ich, das junge, politisch rechtlose Mädchen, musste den wahlberechtigten Männern erzählen, was der Wahlfonds sei und warum man für ihn sammeln müsse. Man wunderte sich allgemein, wo ich meine »Gescheitheit« hergenommen und wer mich das alles gelehrt habe. Auch in der Fabrik sammelte ich. Zuerst nur unter meinen engeren Kolleginnen, der Kreis wurde aber immer größer.

Dazu kam die Propaganda für die Arbeitsruhe am 1. Mai. Diese brachte mich in einen Zustand fieberhafter Aufregung; ich wollte dafür tätig sein und suchte nach Gesinnungsgenossen. Unter den Arbeitern war mir einer aufgefallen, der einen breiten Hut trug, von ihm hoffte ich, dass er Sozialdemokrat sei. Ich spähte nach einer Gelegenheit, um mit ihm zu reden, und unternahm Dinge, die ich sonst nie getan hätte. Die Arbeiter wuschen sich vor Arbeitsschluss im Hofraum die Hände. Auch viele Mädchen gingen dorthin. Ich hatte es nie getan, um nicht die Reden hören zu müssen, die dort geführt wurden und die mich verletzten. Jetzt mischte ich mich unter sie und es gelang mir, den Besitzer des breiten Hutes anzusprechen. Ich hatte mich nicht getäuscht. Er war ein ernster, intelligenter Arbeiter und Mitglied des Arbeitervereins. Wie war ich froh, einen Gleichgesinnten in der Fabrik zu wissen! Er bei den Männern, ich bei den Frauen, es musste gelingen, die Arbeitsruhe am 1. Mai durchzusetzen.

Und doch gelang es nicht. Die Leute hingen zu sehr an dem Fabrikanten und konnten noch nicht begreifen, dass die Arbeiter aus eigener Entschließung etwas unternehmen könnten. Allen, die am 1. Mai nicht zur Arbeit kommen würden, wurde die Entlassung angedroht. Noch am letzten April bemühte ich mich, die Arbeiterinnen meines Saales zu einer gemeinsamen Kundgebung für die Arbeitsruhe am 1. Mai zu bewegen. Ich schlug vor, alle sollten, wenn der »Herr« erscheine, aufstehen und ich würde ihm unser Ansuchen vortragen. Das gemeinsame Aufstehen sollte die Solidarität bekunden. Viele waren mit mir aufrichtig einverstanden, aber die alten Arbeiterinnen, die schon Jahrzehnte in der Fabrik arbeiteten, fanden, man dürfe das dem »Herrn« nicht antun. Und so blieben alle sitzen, als er kam. Nun wollte ich allein, nur für mich, die Freigabe erbitten, abends wurde aber mitgeteilt: Wer am 1. Mai nicht arbeitet, kann bis Montag zu Hause bleiben. Das schreckte mich. Ich war ein armes Mädchen, der 1. Mai fiel auf einen Donnerstag, konnte ich eine halbe Woche verlieren? Schließlich wäre ich davor nicht zurückgeschreckt, aber ich hatte Angst, dann überhaupt entlassen zu werden, wo aber war wieder so gute Arbeit zu bekommen? Und was sollte aus meiner alten Mutter werden, wenn ich längere Zeit arbeitslos blieb? Die ganze trübe Vergangenheit stieg vor mir auf – und ich fügte mich. Ich fügte mich mit geballten Fäusten und empörtem Herzen.

Am 1. Mai, als ich in meinem Sonntagskleid zur Fabrik ging, sah ich schon Tausende von Menschen mit dem Maizeichen geschmückt in die Versammlungen eilen. Auch mein Bruder und sein Freund gehörten zu den Glücklichen, die feiern durften. Ich weiß nicht, welchen Schmerz ich mit jenem vergleichen könnte, der den ganzen 1. Mai nicht von mir wich. Wie wartete ich immer, dass die Sozialdemokraten kommen und uns im Sturme aus der Fabrik holen würden! Ich freute mich darauf, die anderen fürchteten sich. Die Holzläden vor den Fenstern durften den ganzen Tag nicht geöffnet werden, damit man nicht mit Steinen die Fenster einschlagen könnte. Bei der nächsten Lohnauszahlung bekam jeder Arbeiter, jede Arbeiterin ein gedrucktes Formular, auf dem zu lesen war: »In Anerkennung für die Pflichttreue meines Personals am 1. Mai erhält jeder Arbeiter zwei Gulden, jede Arbeiterin einen Gulden Belohnung.«

Ich trug meinen Gulden, den ich dem Unternehmer am liebsten vor die Füße geworfen hätte, in die Redaktion für den »Fonds der Gemaßregelten vom 1. Mai«.

Den nächsten 1. Mai feierte auch ich. Keinen Tag ruhte ich, ohne dafür Propaganda zu machen. Und wie ich noch heute, nach so vielen Jahren, mit Befriedigung empfinde, habe ich eine ganz gute Taktik eingeschlagen. Unter meinen Kolleginnen waren einige, die mit Werkmeistern verwandt waren und daher eine bevorzugte Stellung einnahmen. Diese hatte ich für den 1. Mai gewonnen, ich hatte sie für die Ziele, denen die Arbeitsruhe galt, begeistert und sie ließen sich in die Deputation wählen, die unserem Arbeitgeber das Ansuchen um Freigabe des Arbeiterfeiertages zu unterbreiten hatte. Es war eine kleine Revolution! Frauen, Töchter, Schwestern der Vorgesetzten für den 1. Mai! Auch mein Freund von der Männerabteilung hatte redlich seine Pflicht getan und wir bekamen den Arbeiterfeiertag unter der Bedingung frei, dass wir allen jenen, welche nicht feiern wollten, den Lohnverlust zu ersetzen hatten. Wir plünderten unsere Sparkasse, die wir uns für Weihnachten angelegt hatten, da sich drei Kollegen gefunden hatten, die sich nicht schämten, sich den freien Tag von uns bezahlen zu lassen.

Kurz nachher hielt ich meine erste öffentliche Rede. Es war an einem Sonntagvormittag in einer Branchenversammlung. Ich sagte niemandem, wo ich hinging, und da ich auch sonst öfter am Sonntagvormittag allein fortging, um eine Galerie oder ein Museum zu besuchen, so fiel mein Fortgehen nicht auf. Die Versammlung war von dreihundert Männern und von *neun* Frauen besucht, wie ich nachher aus dem Fachblatt erfuhr. Da in der betreffenden Branche die Frauenarbeit eine bedeutende Rolle zu spielen begann und die Männer das Angebot der billigeren weiblichen Arbeitskräfte schon spürten, so sollte in der Versammlung die Bedeutung der gewerkschaftlichen Organisation besprochen werden. Dazu war eine besondere Agitation unter den Arbeiterinnen entfaltet worden, und obwohl Hunderte in einer einzigen Fabrik arbeiteten, waren im Ganzen neun Frauen gekommen. Als der Einberufer das mitteilte und der Referent darauf Bezug nahm, fühlte ich große Scham über die Gleichgültigkeit meiner Geschlechtsgenossinnen. Ich nahm alle Ausführungen fast persönlich und fühlte mich davon getroffen. Der Redner schilderte das Wesen der Frauenarbeit und bezeichnete die Rückständigkeit, die Bedürfnislosigkeit und die Zufriedenheit der Arbeiterinnen als Verbrechen, die alle anderen übel nach sich ziehen. Auch über die Frauenfrage im Allgemeinen sprach er, und ihn hörte ich zum ersten Mal August *Bebels* Buch: »Die Frau und der Sozialismus« erwähnen.

Als der Referent geschlossen hatte, forderte der Vorsitzende auf, die Anwesenden sollen sich zu der wichtigen Frage äußern.

Ich hatte das Gefühl, dass ich reden müsste. Ich bildete mir ein, alle Augen seien auf mich gerichtet, man warte, was ich zur Verteidigung meines Geschlechts zu sagen habe. Ich hob die Hand und bat um das Wort. Man rief schon »Bravo!«, ehe ich noch den Mund aufgetan hatte, so wirkte der Umstand, dass eine Arbeiterin sprechen wollte. Als ich die Stufen zum Rednerpult hinaufging, flimmerte es mir vor den Augen und ich spürte es würgend im Halse. Aber ich überwand diesen Zustand und hielt meine erste Rede. Ich sprach von den Leiden, von der Ausbeutung und von der geistigen Vernachlässigung der Arbeiterinnen. Auf Letztere wies ich besonders hin, denn sie schien mir die Grundlage aller anderen rückständigen und für die Arbeiterinnen schädigenden Eigenschaften zu sein. Ich sprach über alles das, was ich an mir selber erfahren und an meinen Kolleginnen beobachtet hatte. Aufklärung, Bildung und Wissen forderte ich für mein Geschlecht, und die Männer bat ich, uns dazu zu verhelfen.

Der Jubel in der Versammlung war grenzenlos, man umringte mich und wollte wissen, wer ich sei; man hielt mich zuerst für eine Branchengenossin und forderte mich auf, so wie ich gesprochen habe, solle ich für das Fachblatt einen Artikel an die Arbeiterinnen schreiben. Das war nun freilich eine böse Sache. Ich hatte ja nur drei Jahre die Schule besucht, von Orthografie und Grammatik hatte ich keine Ahnung und meine Schrift war wie die eines Kindes, da ich ja nie Gelegenheit gehabt hatte, sie zu üben. Doch versprach ich, mich zu bemühen, den Artikel zustande zu bringen.

Ich war wie in einem Taumel, als ich nach Hause ging. Ein unnennbares Glücksgefühl beseelte mich, ich kam mir vor, als hätte ich die Welt erobert. Kein Schlaf kam in dieser Nacht in meine Augen. Den Artikel für das Fachblatt schrieb ich; er war klein und nicht gewandt im Ausdruck. Er lautete:

»Zur Lage der in Fabriken beschäftigten Arbeiterinnen

Arbeiterinnen! Habt Ihr schon einmal über Eure Lage nachgedacht? Leidet Ihr nicht alle unter der Brutalität und Ausbeutung Eurer sogenannten Herren? Viele Lohnsklavinnen arbeiten vom grauenden Morgen bis in die späte Nacht, während Tausende ihrer Mitschwestern arbeitslos die Tore der Fabriken und Werkstätten belagern, weil es ihnen nicht möglich ist, so viel Arbeit zu erhalten, um sich vor Hunger zu schützen und ihren Körper notdürftig zu bekleiden. Und wie weit reicht der Lohn selbst für so lange anhaltende Arbeit?

Ist es der unverheirateten Arbeiterin möglich, ein menschenwürdiges Dasein zu führen? Und erst die verehelichte Arbeiterin? Ist es ihr möglich, trotz anstrengender Arbeit für ihre Kinder in erforderlicher Weise zu sorgen? Muss sie nicht hungern und darben, um für diese das Notwendigste herbeizuschaffen? So ist die Lage der weiblichen Arbeiter, und wenn wir da müßig zusehen, wird sie sich nie zum Besseren wenden, im Gegenteil wir werden immer mehr getreten und ausgesogen.

Arbeiterinnen! Zeigt, dass Ihr noch nicht gänzlich versumpft und geistig verkümmert seid. Rafft Euch auf, erkennt, dass sich männliche und weibliche Arbeiter zum gemeinsamen Bunde die Hände reichen müssen. Verschließt Euer Ohr nicht dem Rufe, der an Euch ergeht. Tretet der Organisation bei, die auch die Frauen zum wirtschaftlichen und politischen Kampfe erziehen will.

Besucht Versammlungen, leset Arbeiterblätter, werdet ziel- und klassenbewusste Arbeiterinnen in den Reihen der sozialdemokratischen Arbeiterpartei.«

Hier muss ich einen für mich freudigen Umstand erwähnen. Ich habe an einer Stelle erwähnt, dass mein ältester Bruder nach dem Tode unseres Vaters auf die Wanderschaft gegangen war. Wir hatten ihn viele Jahre nicht gesehen und waren auch später nur flüchtig zusammengetroffen. Mein Bruder war Sozialdemokrat geworden und war ein begeistertes Mitglied der Partei, schon lange bevor ich meine erste Rede gehalten hatte. Gerüchtweise hatten wir davon gehört, es war uns erzählt worden, dass er so seltsame Ansichten habe, er betrachte alle Menschen als seine Brüder, er sei Sozialist. Das war mir romantisch erschienen, dann hatte ich mich selber zu seiner Anschauung entwickelt. Unsere Mutter aber tadelte alles, was sie über seine Gesinnung hörte, ohne zu ahnen, dass unter ihren Augen die Tochter sich zu den gleichen Ideen emporgerungen hatte.

Bei einem Arbeiterfest, das ich besuchte, traf ich mit meinem ältesten Bruder zusammen und ich war hochbeglückt, auch in einem Mitglied meiner Familie einen vollständig Gleichgesinnten zu besitzen. Durch ihn lernte ich nun viele Personen kennen, die ich früher aus der Ferne schon bewundert hatte.

Eines Tages wurde ich in das Arbeitszimmer meines »Herrn« beschieden. Das ereignete sich zum ersten Mal, trotzdem ich nun schon sieben Jahre in diesem Betriebe arbeitete. Herzklopfen hatte ich wohl, als ich, von den neugierigen Blicken meiner Kolleginnen gefolgt, dem Kontor zuschritt. Der Fabrikant erwartete mich mit der sozialdemokratischen Zeitung in der Hand. Unter einem Aufruf, für den Pressfonds zur Gründung einer sozialdemokratischen Frauenzeitung zu sammeln, stand auch *mein Name!* Der Unternehmer redete mich mit »Fräulein« an, was er sonst den Arbeiterinnen gegenüber nicht tat, und fragte mich, ob ich diese Zeitung kenne und ob ich den Aufruf unterschrieben habe. Auf meine bejahende Antwort sagte er ungefähr: »Ich kann Ihnen keine Vorschriften machen, wie Sie Ihre freie Zeit verwenden wollen, um das eine bitte ich Sie aber: In meiner Fabrik unterlassen Sie jede Agitation für diese Zwecke. Ebenso verbiete ich Ihnen jede Sammlung zur Unterstützung Ihrer Bestrebungen. Ich will Ruhe und Frieden in meinem Hause haben.« Zum Schlusse fügte er noch hinzu: »Eine Warnung will ich Ihnen noch auf den Weg geben; Sie sind jung und können nicht beurteilen, was Sie tun, merken Sie sich aber, die Politik ist ein undankbares Geschäft.«

Trotzdem es mein Vorsatz war, die Worte des Fabrikanten zu beherzigen und mich in der Fabrik nicht agitatorisch zu betätigen, konnte ich das nicht vermeiden. Denn manches war schlechter geworden; viele Begünstigungen hatte man abgeschafft. In anderen Fabriken arbeitete man unter dem Einfluss der Maifeier nur mehr zehn Stunden, wir aber noch immer elf. Das sollte eine Strafe dafür sein, dass wir gewagt hatten, den 1. Mai zu feiern. Darin unterschied sich mein Arbeitgeber gar nicht von so vielen anderen Fabrikanten. Er fühlte sich als Herr und Brotgeber und die Arbeiter sollten alles seiner Großmut und Gnade zu danken haben. Weil wir einmal gewagt hatten, aus eigener Initiative eine Handlung zu vollführen, die nicht seine Billigung fand, mussten wir bestraft werden. Erst als ich nicht mehr in der Fabrik war, wurde die Arbeitszeit um eine Stunde verkürzt, den Arbeitern und Arbeiterinnen wurde aber zugemutet, sich mit ihrer Unterschrift zu verpflichten, dass sie mit mir und den sozialistischen Bestrebungen nichts mehr zu tun haben wollten.

Vieles sah ich jetzt mit anderen Augen an als früher. Es arbeiteten in der Fabrik eine Anzahl Mädchen, die noch nicht das gesetzlich zulässige Alter erreicht hatten. War der Besuch des Fabrikinspektors zu erwarten – und merkwürdigerweise wusste man immer, wann dieser Besuch zu erwarten war –, so wurde diesen Kindern eingeschärft, falls sie befragt würden, zu sagen, sie seien schon 14 Jahre alt. Früher hatte ich mir so wie die anderen gedacht: »Ein guter Herr, er nimmt Unannehmlichkeiten auf sich, weil er Mitleid mit den armen Leuten hat.« Seit ich Engels': »Die Lage der arbeitenden Klassen in England« gelesen hatte, urteilte ich anders darüber. Jetzt hatte ich andere Begriffe über die Kinderarbeit, und da ich gelernt hatte, meine eigene schreckliche Kindheit in den Werkstätten der Zwischenmeisterinnen und in den Fabriken objektiv zu betrachten, kam ich zu anderen Schlüssen. Zudem sah ich, dass gerade jene Arbeiterinnen, die schon als Kinder in die Fabrik eingetreten waren, die konservativsten, die jeder Aufforderung zur Solidarität unzugänglichsten waren. Sie betrachteten sich als einen Teil der Fabrik, ohne dass sie erkannten, wie wenig von dem auch durch sie geschaffenen Reichtum auf sie entfiel. Sie waren die Demütigsten, die Kriechendsten, die nur das Gefühl der Dankbarkeit für den guten Herrn kannten, der ihnen auf Lebenszeit Brot gab. Meine und der mir gleichgesinnten Kolleginnen Bestrebungen sahen sie mit Hass und Abscheu an. Was Wunder, dass ich jetzt am liebsten den Fabrikinspektor auf die Verwendung der dreizehnjährigen Kinder aufmerksam gemacht hätte! Und wie wurde gereinigt und geputzt, wenn der Beamte erwartet wurde. Ein förmlicher Reinlichkeitsfanatismus wurde entwickelt, während sonst Staub und Schmutz wochenlang ein üppiges Dasein führen konnten.

Meine kritischen Beobachtungen erstreckten sich auch auf andere Dinge. Wir gehörten jetzt einer Krankenkasse an und unser Vertreter im Vorstand war bisher immer vom Fabrikanten im Namen der Arbeiterschaft nominiert worden. Jetzt wusste ich, dass wir das Recht hatten, ihn zu wählen. Ich machte dieses Recht im Verein mit dem schon genannten Gesinnungsgenossen geltend. Und es kam wirklich zu einer Versammlung im Fabrikshof, die freilich ohne jede weitere Bedeutung verlief. Es ereigneten sich große Streiks; Tausende Familienväter mussten unterstützt werden, um sie und ihre

Frauen und Kinder vor dem Hunger zu bewahren. Die Organisationen hatten noch keine Fonds, die Arbeiterpresse forderte zu Sammlungen auf und auch ich hielt es für meine Pflicht, meine Kollegen und Kolleginnen um Beiträge zu ersuchen. Bei den meisten hatte ich Erfolg. Der Fabrikant erfuhr aber von den Sammlungen. Ich schien ihm unbequem zu sein, denn eines Tages sprach er mich wieder an. Er forderte mich auf, ihm etwas von mir Geschriebenes zu bringen, er wolle mich anderweitig verwenden. Es wurde mir angst und bange, wenn ich an meine unorthografische und hässliche Schrift dachte. Über das, was ich schreiben wollte, machte ich mir weniger Sorgen. Ich las eben Goethes Gedichte und schrieb eine Strophe aus »Prometheus« ab, die mir außerordentlich gefiel:

»Da ich ein Kind war,
Nicht wußte, wo aus noch ein,
Kehrt ich mein verirrtes Auge
Zur Sonne, als wenn drüber wär'
Ein Ohr, zu hören meine Klage,
Ein Herz wie mein's
Sich des Bedrängten zu erbarmen.«

Ich wurde angewiesen, am nächsten Tag die Stelle einer erkrankten Kontoristin einzunehmen. Einige Jahre früher hätte ich mich darüber grenzenlos gefreut. Wie hätte ich gejubelt, nicht mehr Fabrikarbeiterin sein zu müssen. Alle Schwierigkeiten zu überwinden, wäre mir ganz leicht erschienen. Jetzt war ich empfindlicher geworden. Es bedrückte mich, eine Stelle zu bekleiden, zu der mir alle Vorkenntnisse fehlten. Ich verstand zwar das Kopfrechnen, aber dafür, wie man es mit dem Bleistift zu machen hat, fehlten mir alle Begriffe. Das bisschen Multiplizieren und Dividieren, das ich in der dritten Volksschulklasse erlernt hatte, war längst vergessen. Hätte ich aber Begeisterung für diesen Posten empfunden, so wäre mir um das Lernen nicht bange gewesen, aber die neue Stellung entfremdete mich meinen Kolleginnen. Ich konnte keine Propaganda mehr machen. Seit meiner ersten Rede war ich aber viel durch Versammlungen in Anspruch genommen. Oft mehrmals in der Woche und an jedem Sonntag waren Versammlungen, in denen ich reden musste. Im Kontor hatte ich aber abends um eine Stunde länger zu tun, es war dann zu spät, um noch in die Versammlungen zu gehen. Im Allgemeinen war ja meine Arbeitszeit kürzer geworden, ich hatte morgens erst um acht Uhr zu kommen und hatte mittags zwei Stunden frei, sodass ich nach Hause gehen konnte, auch bekam ich sofort um einen Gulden mehr bezahlt. Es gewährte mir aber keine Befriedigung, beglücken konnte mich nur die politische Tätigkeit. Als die erkrankte Kontoristin wieder gesund war, kam ich wieder in den Fabriksaal zurück, was mir lieber war als der Posten im Kontor, wozu ich gar keine Vorbildung hatte und niemanden, der mir gesagt hätte, wie ich das Versäumte nachholen könnte.

Ich war Gegenstand allgemeiner Aufmerksamkeit geworden. In den Zeitungen wurde über meine Reden geschrieben, die Polizei lud mich vor, um mich über die Anklagen zu vernehmen, die ich in den Versammlungen über bestimmte Fälle von Arbeiterinnenausbeutung und Dienstbotenmisshandlungen erhoben hatte. Die Agitation nahm mich immer mehr in Anspruch. Ich war Vorstandsmitglied einer Arbeiterinnenorganisation geworden und musste an vielen Sitzungen teilnehmen. Ich war ganz erfüllt von meiner Tätigkeit und war zu jedem Opfer bereit. Gar oft musste ich auf das Mittagessen verzichten, um abends das Sperrgeld zahlen zu können, wenn ich spät nach Hause kam. Da aß ich mittags um drei Kreuzer Suppe und ein Stück Brot dazu. Meine Mutter durfte aber nicht wissen, dass mich die Betätigung meiner Gesinnung Geld kostete. So musste ich heimlich entbehren, um sie zu täuschen, denn hätte sie gewusst, dass es Geld erfordere, wenn ich in einer Versammlung eine Rede hielt, so wäre es mir noch schlimmer ergangen.

Die Bücher, die ich zum Lernen brauchte, lieh ich mir aus der Bibliothek des Vereins aus. Ich sprach über »Presse und Literatur«, über »Zweck und Nutzen der Organisation«, am liebsten aber über die »Lage der Arbeiterinnen«. Da sprach ich, was ich aus eigener Erfahrung wusste. Meine Leiden waren auch die Leiden der anderen. Da ich meine Tätigkeit unter so schwierigen Verhältnissen entfaltete, fühlte man um so mehr die Wahrheit, die aus meinen Worten sprach. Man fühlte aus ihnen die tiefste Not, die ich selber empfand. Wenn ich andere aneiferte, alle Hindernisse zu überwinden, so war das keine Phrase, weil ich selbst unausgesetzt im Kampf gegen ebenso schwere Widerstände war, gegen die materielle Not und gegen die seelische Pein, die ich durch meine Mutter zu erdulden hatte. Schon damals gab es die böswilligen Reden über die glänzende Lebenslage der sozialdemokratischen Führer. Meine Mutter hörte davon, und da man ihr erzählte, dass in den Zeitungen auch ich eine Führerin genannt werde, so machte das meine Lage nur noch schlimmer. Warum bezahlte man nicht auch ihre Tochter so glänzend? So frug sie. Zu vielen Notlügen musste ich da meine Zuflucht nehmen, um sie günstiger zu stimmen. Dabei litt ich aber unter der geringen Ernährung und unter der doppelten Anstrengung. Elf Stunden in der Fabrik arbeiten und zwei- bis dreimal in der Woche Sitzungen und Versammlungen besuchen, die damals, in der so stürmisch bewegten Zeit, immer ziemlich spät zu Ende gingen. Am schlimmsten ging es mir einmal, als ich Samstagabend in einem sehr entlegenen Bezirk über die »Frauenfrage« einen Vortrag halten musste und erst um zwölf Uhr nachts heimkam. Früh um fünf Uhr musste ich aber schon wieder zu dem fast eine Stunde entfernten Bahnhof, um eine dreistündige Fahrt zu einer Versammlung in die Provinz zu machen. Wieder kam ich erst um Mitternacht nach Hause; wieder musste ich eine Stunde gehen, ohne mich auch nur einmal im Tag satt gegessen zu haben. Zu Hause durfte ich davon nichts merken lassen; mit mühsam verhaltenen Tränen der Qual musste ich es meiner Mutter noch so darstellen, als hätte ich an der Reise etwas verdient. Hätten meine Gesinnungsgenossen in der Provinz eine Ahnung gehabt, wie es um mich stand, dann hätte man meine Entbehrung gewiss nicht geduldet. Aber ich selber konnte nichts ausgeben, von anderen wollte ich aber nichts annehmen. Vielleicht erscheint diese Auffassung manchem übertrieben, sie war aber nur eine Folge meiner sonstigen Anschauungsweise. Am nächsten Tag musste ich wieder müde und unausgeschlafen um sieben Uhr Früh in der Fabrik sein. Als ich etwa eine Stunde gearbeitet hatte, erfasste mich plötzlich ein Schwindel und ich fiel bewusstlos vom Stuhl. Ich wurde nach Hause gebracht und vom Arzte untersucht, der mir wieder gute Ernährung, frische Luft und viel Schlaf verordnete. Ich aber hatte nur den einen Wunsch, wieder gesund zu werden und genug lernen zu können, um meinen Aufgaben gewachsen zu sein. Seit ich wieder krank geworden, lebte ich in einem steten Zustand der Angst. Mitten in einer Rede begann es mir vor den Augen zu flimmern, ich glaubte, das Bewusstsein werde mir schwinden und da bot ich wohl eine übermenschliche Energie auf, um meine Furcht zu bezwingen.

Als ich wieder in die Provinz fuhr, gelang es mir, meine Mutter zur Mitfahrt zu bewegen. Wenn ich sie bei mir hatte, quälte mich die Angst weniger, ich fühlte mich geborgener. Zum ersten Mal hörte sie mich da in einer Versammlung vor

Hunderten von Menschen sprechen. Sie hörte den Beifall, der mir gezollt wurde, und hörte, mit welcher Anerkennung ernste Männer sich ihr gegenüber über mich äußerten. Sie weinte – aber nicht über den Inhalt meiner Rede, wie so viele andere, sondern aus Mitleid, weil sie den Eindruck hatte, dass das laute anhaltende Sprechen meiner Gesundheit schädlich sei. Den Sinn meiner Worte vermochte sie nicht aufzufassen. Sie, die nie eine Zeile lesen gekonnt und deren deutscher Sprachschatz infolge der böhmischen Abstammung nicht reichhaltig war, konnte gar nicht fassen, was ich zum Ausdruck gebracht hatte. Das hat mich immer geschmerzt, dass ich bei meiner Mutter, die ich so sehr liebte, keine verständnisvolle Teilnahme fand.

In der Fabrik fühlte ich mich immer unbehaglicher. Auf aller Lippen lag förmlich die Frage: Wie lange noch? Auch die Staatsanwälte begannen mir immer mehr ihre Aufmerksamkeit zuzuwenden. Geheimpolizisten kamen in unser Haus, um sich nach mir zu erkundigen. Meine Mutter, die davon erfuhr, war sehr beunruhigt. Ich selber war ihretwegen besorgt. Was würde aus ihr werden, wenn man mich einsperren würde? Aber dennoch konnte ich von meiner Tätigkeit nicht lassen. Zu sehr war ich durchdrungen und begeistert von den sozialistischen Zielen. Einmal wurde mir eine Zeitung in die Fabrik geschickt, in der stand, dass die Staatsanwaltschaft meine Verhaftung angeordnet habe. »Was wird die Mutter sagen?«, war mein erster Gedanke. Die Zeitung hatte übertrieben. Es war nur eine Untersuchung eingeleitet worden, die später wieder eingestellt wurde.

Als ich bald darauf ausersehen wurde, meine ganze Zeit der Agitation unter den Arbeiterinnen zu widmen und an einer Zeitung für Arbeiterinnen mitzuarbeiten, erhielt ich von dem Fabrikanten ein Zeugnis, das mir Fleiß und außerordentliche Verwendbarkeit nachrühmte. Er händigte es mir mit den Worten ein: »Ich wünsche Ihnen, dass Sie in Ihrem neuen Wirkungskreis ebenso viel Anerkennung finden mögen.«

Ich war jetzt unendlich glücklich. Ich hatte den Wirkungskreis, der meine ganze Sehnsucht erfüllte, den ich aber für mich für unerreichbar gehalten hatte. Es war für mich das gelobte Land. Meine Mutter hatte keine Freude an meiner veränderten Lebensstellung. Ihr wäre es lieber gewesen, wenn ich in der Fabrik geblieben wäre und dann geheiratet hätte. Die alte Frau, die auf eine Kette von Leiden und Entbehrungen zurückblickte, die unter schrecklichen Verhältnissen alle zwei Jahr ein Kind geboren hatte, das sie dann sechzehn bis achtzehn Monate an ihren Brüsten nährte, um länger vor einem neuen Wochenbett bewahrt zu bleiben, diese Frau, die verkümmert und frühzeitig von harter Arbeit gebeugt war, konnte sich für ihre Tochter kein anderes Los vorstellen als eine gute Ehe. Ihre Tochter gut zu verheiraten, war ihr Sinnen und Trachten, und gar viel musste ich ausstehen, als ich noch in die Fabrik ging, wenn ich mich gegen eine Ehe wehrte, die nur den Zweck gehabt hätte, mir mein Los zu erleichtern und mich von der Fabrik zu befreien. Heiraten und Kinder bekommen, sah sie als die Bestimmung des Weibes an. Sosehr ihr anfangs die Lobreden, die sie über mich hörte, schmeichelten, ebenso sehr änderte sich das, als sie einsah, dass ich mein ganzes Leben meinen Bestrebungen widmen wollte. Je mehr ich mich als Rednerin betätigte, umso unglücklicher wurde sie.

Obwohl sie nicht eigentlich religiös war, dazu hatte ihr das Leben zu hart mitgespielt, so hing sie doch sehr an dem Schein. Meine der Religion nun ganz abgewandte Anschauung erregte ihren Unwillen und sie sprach alles nach, was sie von unwissenden oder böswilligen Menschen über die Sozialdemokraten erzählen hörte. Sie kränkte und beleidigte mich unaufhörlich durch die bösen Reden über die Partei, der ich mich angeschlossen hatte. Da ich durch meine immer umfangreichere Tätigkeit auch öfter zu späterer Abendstunde nach Hause kam, was in ihren Augen ein anständiges Mädchen niemals durfte, so begann sie sich meiner zu schämen. Wenn ich müde und abgehetzt heimkehrte, erwartete sie mich, um mir eine Szene zu machen und um mir zu fluchen. Kam ich mit dem Gefühl der Befriedigung nach Hause, weil ich irgendwo nützlich gewirkt hatte, so wurde mir diese Freude verbittert durch den Hohn, den ich von meiner Mutter zu erwarten hatte. Ich lag oft stundenlang im Bett und weinte, weinte bittere Tränen, dass gerade mir das Schicksal so abhold war. Jetzt, wo ich eine Tätigkeit hatte, die mich begeisterte, die mir Glück und Frohsinn gab, musste ich leiden, weil meine Mutter zu alt war, um noch mit mir fühlen zu können.

Nie kam mir aber auch nur der Gedanke, mich von ihr zu trennen. Wir hatten miteinander so viel Leid getragen, wie sollte sie nicht bei mir sein, da so viele dunkle Schatten von mir gewichen waren? Denn jetzt, wo mein Leben so viel Inhalt bekommen hatte, begann ich die trüben Gedanken an die Vergangenheit immer mehr zu verlieren. Ich fühlte mich gesund und stark genug, um auch die schwersten Mühen meiner selbstgewählten Tätigkeit zu ertragen. Nur die Abneigung der Mutter lastete immer schwerer auf mir. Sie hemmte mich in meiner Entwicklung und wie an schweren Ketten hatte ich daran zu schleppen.

Da will ich eines Versuches dankbar gedenken, der gemacht wurde, meine Mutter umzustimmen und sie mit meiner Tätigkeit auszusöhnen.

Friedrich *Engels* bereiste den Kontinent und da lernte auch ich ihn kennen. Er war von gewinnender Freundlichkeit, sodass man gar nicht das Gefühl hatte, einem ganz Großen der Internationale gegenüberzustehen. Da damals noch wenige

Frauen in der Partei arbeiteten, die Führer aber die Mitarbeit der Frauen für nützlich hielten, so interessierte sich auch Friedrich Engels für meine Entwicklung. Da er mit mir sprach, so erzählte ich ihm auch von dem, was mir am meisten am Herzen lag, von meiner Mutter. Er wollte mir helfen und mir meinen Lebensweg erleichtern. Mit August *Bebel* kam er zu mir in meine bescheidene Vorstadtwohnung. Sie wollten der alten Frau begreiflich machen, dass sie auf ihre Tochter eigentlich stolz sein sollte. Aber meine Mutter, die nicht lesen und schreiben konnte und die von Politik nie etwas vernommen hatte, zeigte für die guten Absichten der beiden Führer kein Verständnis. Beide waren zwar in ganz Europa berühmt, ihre schriftstellerische und rednerische revolutionierende Tätigkeit hatte die Autoritäten der ganzen Welt in Bewegung gesetzt, an der alten armen Frau war sie aber spurlos vorübergegangen, sie kannte nicht einmal ihre Namen.

Als wir wieder allein waren, sagte sie geringschätzig: »So Alte bringst du daher.« In ihren Augen handelte es sich bei jedem Manne, der kam, um einen Freier für mich, und da es ihr sehnlichster Wunsch war, mich verheiratet zu sehen, so wurde jeder daraufhin betrachtet. Unsere beiden Besucher, von denen der eine ein Greis war, während der andere mein Vater hätte sein können, schienen ihr nicht die rechte Eignung zum Gatten ihrer jungen Tochter zu haben.

Gerne hätte ich den Wunsch meiner Mutter, zu heiraten, erfüllt, aber ich vermochte nicht meine Ideale aufzugeben, nur um versorgt zu sein und um ein vor Not geschütztes Leben führen zu können. Ich war in meinem Denken zu selbständig geworden, war zu sehr von der Anschauung durchdrungen, dass der Sozialismus nicht nur notwendig sei, sondern welterlösend wirken würde. Mein Glaube daran war unerschütterlich geworden, und wenn ich an die Ehe dachte, so träumte ich von einem Manne, der meine Ideale teilen würde. Von ihm erwartete ich nicht nur das Glück, das gleichdenkenden, für ein gleiches Ziel strebenden Menschen beschieden sein kann, sondern auch Förderung meiner eigenen Entwicklung. Dieses Glück wurde mir beschieden. Ich bekam einen Mann zum Gatten, der meine Gesinnung teilte und dessen Charakter das Ideal erreichte, von dem ich geträumt hatte. Es gab für ihn keine größere Freude, als wenn er meine Begeisterung für die Partei sah, für die er schon lange, bevor ich von ihm wusste, Opfer gebracht und gelitten hatte. Er teilte alle meine Sorgen und meine Kümmernisse, er erleichterte mir meinen Weg, wie er nur konnte. Manches persönliche Wohlbehagen gab er auf, um mir die Agitation unter den Arbeiterinnen zu ermöglichen. Die Frauen hatten keinen teilnehmenderen Freund als ihn und oft erzählte er mir, wie es ihn immer geschmerzt habe, wenn er Frauen, gar oft schwache, zarte Geschöpfe, auf den Knien im Schmutz herumrutschen sah, um den Fußboden zu reinigen. In bitteren Worten sprach er von den Männern, die ihren halben Wochenlohn vertranken oder verspielten, indes Frau und Kinder zu Hause darbten. Er achtete nicht nur in der erwerbenden Frau die Arbeiterin, sondern auch in der im Haushalt tätigen sah er die Arbeitssklavin und er empörte sich über die Ungerechtigkeit, dass man ihre ermüdende und oft aufreibende Tätigkeit als Spielerei betrachte. Wenn ich morgens mit ihm zusammen von daheim fortging und schon unser Zimmer aufgeräumt hatte, während er beim Lesen einer Zeitung gesessen, sah er das nie als eine Selbstverständlichkeit an, sondern als eine über meine Pflicht gehende Leistung. Meine Mutter führte unsere Wirtschaft, aber in ihren festgewurzelten Anschauungen, dass die Frau ins Haus gehöre, vermochte sie nicht, ihre Verbitterung darüber zu unterdrücken, dass ich nicht ausschließlich »beim Herd« war. Um Verdrießlichkeiten vorzubeugen, musste ich manche Stunde und auch manchen halben Tag der häuslichen Arbeit widmen, die andere ebenso gut hätten besorgen können.

Bei Nacht musste ich dann nachholen, was ich dadurch an schriftlichen Arbeiten und an meiner Weiterbildung versaumt hatte. Meine Mutter hatte sich gegen *diese* Heirat sehr gesträubt. Sie verzieh mir nicht, dass ich mir einen Mann gewählt hatte, der dem Alter nach mein Vater hätte sein können. Aber sie konnte sich der Vortrefflichkeit seines Charakters und der Würde seines Wesens nicht entziehen. Sie achtete ihn sehr und hatte später wirkliche Sympathie für ihn. Wie oft saß der müde, gehetzte Mann stundenlang mit ihr und versuchte ihr klarzumachen, welch herrliche Sache der Sozialismus sei. Er erzählte ihr von Christus und seinem Wirken, um ihr alles begreiflicher zu machen. Sie stimmte ihm oft bei, aber am nächsten Tag sprach sie wieder wie am vorhergehenden. Sie war zu alt, um noch neue Anschauungen begreifen zu können.

Als ich im vierten Jahr unserer Ehe mein erstes Kind erwartete, beschäftigte ich mich viel mit dem Hauswesen und löste die Mutter beim Kochen ab. Jetzt erregte das ihre Eifersucht, was sie zuerst so ersehnt hatte. Sie sah sich durch mich verdrängt, und wenn mein Mann anerkennend von meinen Fähigkeiten als Hausfrau sprach, so versuchte sie meine Kenntnisse herunterzusetzen. Es war rührend, wenn ihr mein Mann auseinandersetzte, wie ehrend es für ihre Tochter sei, dass sie ohne Schule und Unterricht alles gelernt habe, was andern mühsam beigebracht werde. Ich litt sehr unter diesen Verfolgungen meiner Mutter, die nicht einer Bösartigkeit entsprangen, sondern dem Schmerz über die Enttäuschung, die sie an mir erlebt hatte. Sie hatte so sehr nach meiner Verheiratung verlangt; sie hatte erwartet, dass ich dadurch eine Frau wie jede andere sein würde und dass meine Versammlungstätigkeit ein Ende finden werde. Nun war ich verheiratet, aber ich war nicht weniger tätig als früher und mein Mann lebte derselben Aufgabe. Wenn wir nachts heimkamen, erwartete sie uns in ihrem Bette sitzend und verzweiflungsvolle Klagen ausstoßend. Sie machte uns beiden schwere Vorwürfe. Mein Mann war so rücksichtsvoll und zartfühlend, dass er ihr nie ein hartes Wort sagte. Aber was litt auch er darunter und wie musste er sich beherrschen.

Sie höhnte und spottete, als mich mein Mann bestärkte, mich von einem Lehrer unterrichten zu lassen, weil ich mich in Orthografie und Grammatik so schwach fühlte. Mein Mann aber bestärkte mich auch in meiner Lust, fremde Sprachen zu erlernen. Er war von dem Gedanken geleitet, dass ich mit erhöhter Bildung und vermehrtem Wissen dem Proletariat um so besser werde dienen können.

Als wir später Kinder hatten, meinte ich oft, unter der doppelten Bürde zusammenbrechen zu müssen. Manchmal saß ich mit dem unruhigen Säugling im Arm beim Schreibtisch und schrieb Artikel, indes die ganze häusliche Arbeit noch zu tun war. Ich hatte außer meiner Mutter keine Hilfe im Hauswesen. Die Mutter war aber über siebzig Jahre alt und kränklich. Nach meines Mannes und meinem Willen hätte sie sich schon lange jeder Arbeit enthalten müssen. Sie wollte aber nicht dulden, dass jemand anders an ihre Stelle trete. Sie hatte immer Angst, als überflüssig zu erscheinen und klammerte sich immer mehr an ihren Wirkungskreis, dem sie doch nicht mehr gewachsen war. So musste ich Tag und Nacht arbeiten. Als mein Kind vier Monate alt war, war ich so geschwächt, dass ich eines Tages, als ich mein Kind eben gestillt hatte, von einer Ohnmacht befallen wurde. Ich verzweifelte über den Ausspruch des Arztes, dass ich das Kind nicht mehr säugen dürfe. Ich erschien mir selbst minderwertig und beklagte mein Kind. Alles das hätte mir aber erspart bleiben können, wenn ich nicht eine mehr als zweifache Bürde zu bewältigen gehabt hätte. Da quälten mich die Gedanken, dass ich keine meiner Pflichten ganz erfüllen könne, und ich hätte mich beim Anblick meines Kindes gern dafür entschieden, alles andere während der Zeit, wo es meiner am meisten bedurfte, ganz aufzugeben. Da war es mein Mann, der mich immer wieder ermutigte. Er stellte mir vor, dass ich später, wenn das Kind meiner eigenen Pflege nicht mehr unbedingt bedürfe, unglücklich sein würde, wenn ich mich jetzt, im Konflikt mit Mutter- und Berufspflichten, von der politischen Tätigkeit ganz zurückziehen würde.

Als nach der Geburt unsres zweiten Kindes diese Konflikte in erhöhtem Maße wiederkehrten, da war sich mein Mann schon bewusst, dass ihm keine lange Lebensdauer mehr beschieden sein würde. Er sah in mir die künftige alleinige Stütze und Erzieherin. Schon vor der Geburt unsres zweiten Kindes hatte er sich sehr krank gefühlt und sein baldiges Ende vorausgesehen. Er hat sich oft angeklagt, dass er in meinen Weg getreten und um mich geworben habe. Er sah mit klarem Blicke, wie schwer es für eine Frau sein würde, zu arbeiten und zwei Kinder zu erziehen. Aber selbst damals, unter den schweren Verhältnissen, in denen wir lebten, hatte er nie versucht, mich von meiner Pflichterfüllung in der Agitation abzuhalten. Wenn ich auf einige Tage zu Versammlungen fort sollte, bat ich ihn oft: Sage doch einmal, du willst nicht, dass ich dich mit den Kindern allein lasse, dann werde ich leichter die Kraft finden, mich zurückzuziehen. Da antwortete er mit seiner einfachen Güte: »Persönlich und um der Kinder willen wünsche ich, dass du hier bleibst, aber als Parteigenosse wünsche ich, dass du dich nicht abhalten lässt, deine Pflicht zu tun.« Wenn ich dann fort war, schrieb er mir täglich ausführliche Briefe über sein und der Kinder Befinden. Nichts vergaß er zu erwähnen, das geeignet war, mich zu beruhigen. Trotz der schweren Arbeitsbürde und der großen Verantwortung, die er zu tragen hatte, zwang er sich, die Zeit zu erübrigen, nach den Kindern zu sehen und über ihre Gesundheit zu wachen. Daher verkenne ich niemals, wie schwer für Mütter die öffentliche Betätigung ist, weil ich weiß, welch große Opfer es kostet. Was hat mein Mann alles entbehrt, um seiner Gattin eine Betätigung zu ermöglichen, die er als eine nützliche für die Arbeiterklasse angesehen hat. Aber daraus habe ich auch die Erfahrung geschöpft, wie glücklich und ungetrübt eine Ehe sein kann, wenn sie auf vollständiger Harmonie der Gesinnung beruht; wenn der Mann auch Anerkennung für die Leistungsfähigkeit der Frau hat und nicht nur verlangt, dass seinen Fähigkeiten von ihr Anerkennung gezollt werde.

Leider war unser Glück kein langes. Nicht einmal neun Jahre war es uns vergönnt, das Leben gemeinsam zu verbringen. Wie gerne hätte er gelebt, um eine vielleicht leichtere Zukunft mit seinen Kindern zu genießen. Es war ihm nicht beschieden. Ich selbst wusste schon lange, dass er bloß kurze Zeit leben würde. Schon im zweiten Jahr unsrer Ehe hat mich der Arzt auf seinen gefährlichen Zustand aufmerksam gemacht und mich auf ein möglicherweise plötzliches Ende vorbereitet. Ich sah all die Jahre, was er litt, und zu Tode erschrocken fuhr ich oft aus dem Schlafe auf, wenn ich ihn stöhnen hörte und sich verfärbend nach Atem ringen sah. In höchster Angst sprang er oft von seinem Lager auf, von den furchtbarsten Schmerzen im Kopf gequält. Dann wieder packte ihn ein Krampf in den Füßen oder er konnte nicht schlafen, weil er eine furchtbare Leere im Kopf fühlte. All das erfüllte mich mit schwerer Sorge, die ich aber verbergen musste.

Einmal, als ich wieder von einer größeren Agitationsreise zurückkam, die ich über seinen besonderen Wunsch unternommen hatte, fand ich ihn bei meiner Heimkehr so krank, dass ich sofort den Arzt holte. Mein Mann hat das Krankenlager, auf das er sich erst nach vielem Zureden gelegt hatte, nicht wieder verlassen.

Ich hatte ihn als einen kranken, müden Mann kennengelernt. Ich habe erzählt, dass ich mir schöne Kleider anzog, wenn ich mir als Fabrikarbeiterin die sozialdemokratische Zeitung holte. Dort sah ich meinen späteren Mann. Immer leidend, oft ein graues Seidentuch um den Hals geschlungen. Als wir uns öfter sahen, erzählte er mir von seinem einsamen Dasein, von seiner kalten Kammer, in der ihn fröstele und die ihm niemand heize. Von dem ungemütlichen Leben in Gast- und Kaffeehäusern, das für seinen kranken Körper so schädlich sei. Damals hätte ich mir nicht träumen lassen, dass ich seine Gattin werden würde. Aber ich lernte ihn immer mehr achten und empfand herzliche Teilnahme und Sympathie. Seine weise Klugheit und sein energischer Charakter imponierten mir. Ohne dass er etwas dazu tat, entstand in mir immer mehr der Wunsch, sein Leben zu verschönern und ihn seiner freudlosen Einsamkeit zu entziehen. Er gab mir kluge, wie ich wohl erkannte, aufrichtig gemeinte Ratschläge für mein Verhalten in verschiedenen Lebenslagen, und immer habe ich seinen Rat als gut und nützlich empfunden. Es war sonderbar; er war der erste Mann, für den sich meine Sympathie immer steigerte, je mehr ich ihn kannte. In meinen geheimsten Gedanken erwog ich die Frage, ob ich mit ihm glücklich sein könnte, und Wochen vorher, ehe er noch ein Wort von Liebe zu mir gesprochen hatte, betrachtete ich mich als zu ihm gehörig. Nie habe ich bereut, diese Ehe geschlossen zu haben. Sie hat mich aus einem frühernsten Mädchen zu einer frohsinnigen Frau gemacht. Nur als ich mir der ganzen Gefahr, in der er ständig schwebte, bewusst geworden war, da kam wieder die Sorge, die heimlich nagende Sorge. Da ich vom Arzt wusste, dass jede Aufregung für ihn tödlich werden könnte, so befand ich mich in stetiger geheimer Bemühung, alles, was ihm zur Erregung Anlass geben könnte, von ihm fernzuhalten. Wie schwer und wie selten gelang mir das! Da er zu jenen außerordentlich pflichttreuen Menschen gehörte, die entschlossen sind, bis zum Äußersten ihre Pflicht zu tun und auf sich keine Rücksicht zu nehmen, machten sich alle, die ihn umgaben, außer mir, keine Vorstellung von seinem schonungsbedürftigen Zustand. Welche Nerven musste aber gerade er haben, um den an ihn gestellten Aufgaben nachzukommen!

Wären wir in guten materiellen Verhältnissen gewesen, hätte er sich nur einmal eine gründliche Erholung gönnen und von den vielen Sorgen, die ihm aufgebürdet waren, ausruhen können, so hätte er wohl um einige Jahre länger leben können. Aber Ruhe, Schonung und Erholung gab es für ihn nicht, woran zum Teil auch sein übergroßes Pflichtgefühl für die ihm übertragene Aufgabe Schuld trug. So wurde ihm auch nicht das Glück zuteil, das zu erleben, wofür er täglich bereit war sein Leben hinzugeben, die wachsende Größe und Macht der Arbeiterklasse.

Meine Mutter fühlte die erste Zeit mit mir. Wie sehr sie meinen Mann schätzen und lieben gelernt, davon zeugt wohl ihr Ausspruch: »Hätte nicht ich sterben können und er wäre dageblieben.« Sie versuchte mich zu trösten, oft mit dem Hinweis, dass ich wieder einen Mann, einen *jüngeren*, bekommen werde.

Ich aber hatte meine Kinder und suchte in dem Gedanken Stärke, dass es für niemanden ein vollkommenes Glück gebe. Und der Sozialismus hatte mir so viel gegeben, verlieh meinem Leben so viel Befriedigung, dass ich die Kraft hatte, über vieles ungebrochen hinwegzukommen. Einer großen Sache aus Begeisterung dienen gibt so viel innere Freude und verleiht dem Leben einen so hohen Wert, dass man viel ertragen kann, ohne mutlos zu werden. Das lernte ich an mir erkennen.

Wenn ich das Bedürfnis fühlte zu schreiben, wie ich Sozialistin geworden, so war es einzig der Wunsch, jenen zahlreichen Arbeiterinnen, die mit einem Herzen voll Sehnsucht nach Betätigung lechzen, aber immer wieder zurückschrecken, weil sie sich die Fähigkeit nicht zutrauen, etwas leisten zu können, Mut zu machen. So wie der Sozialismus mich verwandelt und stark gemacht hat, so würde er dies auch bei anderen vermögen. Je bewusster ich Sozialistin geworden war, um so freier und stärker hatte ich mich allen Anfeindungen gegenüber gefühlt. Mein Glaube an den Sozialismus war felsenfest geworden und nie kam ich in Versuchung, auch nur für einen Augenblick wankend zu werden.

Als ich einmal, nach meiner Verheiratung, eingesperrt war, es war wegen einer Kritik an der gegenwärtigen Institution der Ehe, da dachte ich, als ich einsam in meiner kahlen Zelle saß, keinen Augenblick daran, zu bereuen. Im Gegenteil, wenn ich beim Spazierengehen in meiner einsamen Zelle in der Dämmerung auf und ab ging, was ich mit 14 Schritten bewältigen konnte, sann ich, wie ich die verlorene Zeit einbringen würde. Ich arbeitete an meiner sozialistischen Weiterbildung und las wissenschaftliche Bücher, wozu ich sonst keine Zeit hatte. Wenn mein Mann mich besuchen kam, so konnte ich nicht erwarten, das Parteiblatt zu lesen, das er mir heimlich zusteckte. Es war nicht angenehm in der Zelle mit dem Guckloch, durch das der Justizsoldat hereinsehen konnte, so oft es ihm beliebte. Wo ich mich fürchtete, wenn um sechs Uhr Früh der Aufseher mit einem Gefangenen kam, um Wasser zu bringen; wo es mir den Schlaf raubte, wenn bei Nacht die Gasflamme brennen blieb, damit man mich durch das Guckloch jederzeit beobachten konnte. Beim Spaziergang im Hofe musste ich zehn Schritte hinter den anderen Gefangenen gehen, damit sie mit mir, der »Politischen«, nicht sprechen konnten. Und wenn doch eine zurückblieb, um mich anzusprechen und um den Grund meines Hierseins zu fragen, wie gemein und roh wurde sie da vom Aufseher beschimpft.

Auf meinem Lager vermeinte ich auf Steinen zu liegen und alle Glieder schmerzten mich von der Härte, aber nie kam mir ein Gedanke der Reue. Tiefgewurzelt war mein Vertrauen, dass der schöne Spruch Georg Herweghs, der so oft bei Arbeiterfesten die Wände schmückt, durch die sieghafte Kraft des proletarischen Befreiungskampfes verwirklicht werden wird:

»Was wir begehren von der Zukunft Fernen?
Daß Brot und Arbeit uns gerüstet stehn;
Daß unsere Kinder in der Schule lernen
Und unsere Greise nicht mehr betteln gehn.«

Wer wahrhaft den Willen hat, mitzuhelfen, dass Herweghs Worte zur Wirklichkeit werden, darf vor keiner Schwierigkeit zurückweichen. Das Ziel ist ungemein schön, es leuchtet so verheißend, dass nichts so schwer sein kann, um nicht doch die Kraft zu finden, es zu überwinden. Wenn es mir gelingen wird, in diesem Sinne mit meiner bescheidenen Arbeit zu wirken, dann habe ich mein Ziel erreicht.

Sibylle Hamann

Adelheid Popp und wir

Eigentlich hatte eine wie Adelheid kaum eine Chance. Ein Mädchen aus dem Lumpenproletariat, aus der Welt der finsteren, feuchten Zinskasernen der Wiener Vorstadt, mit Wasser und Klo am Gang. Die Eltern waren Zuwanderer aus Böhmen. Man könnte die Familie Dwořak mit Worten, die heutzutage gern benützt werden, drastisch beschreiben: Patriarchal und von starker Religiosität geprägt, bildungs- und kulturfern, weitgehend sprachlos. Der Vater ein gewalttätiger Alkoholiker, die Mutter eine gottesfürchtige Analphabetin, die ihre Tochter zum ehestmöglichen Zeitpunkt aus der Schule abmeldete, um sie zum Geldverdienen in die Fabrik zu schicken.

Adelheids Familie würde man heute »integrationsunwillig« nennen. Das Mädchen einen »Problemfall«. Erwarten würde man von ihr nichts.

Hundertsiebzehn Jahre ist es inzwischen her, dass »Die Jugendgeschichte einer Arbeiterin« erschien. Hundertsieben Jahre ist es her, dass Adelheid Popp im Parlament der Republik Österreich als allererste weibliche Abgeordnete eine Rede hielt. Viele Jahrzehnte Sozialpolitik haben das Land geprägt, Wien ist heute eine der reichsten und lebenswertesten Städte der Welt. Doch auch heute kann man in Inzersdorf oder im 15. Bezirk Menschen finden, die unter ähnlich prekären Bedingungen leben wie damals die kleine Adelheid.

In einigen Nischen auf dem freien Wohnungsmarkt gibt es Ausbeutungszustände wie vor hundert Jahren: überbelegte

Untermietzimmer mit schimmligen Wänden, zu Wucherpreisen. Es gibt Menschen, die täglich zwölf, vierzehn oder noch mehr Stunden arbeiten und dennoch kaum über die Runden kommen. Auf zwanzig- bis fünfzigtausend wird die Zahl jener geschätzt, die sich ohne Krankenversicherung durchs Leben schlagen müssen – weil sie nicht gemeldet oder nicht legal beschäftigt sind. Auch heute wachsen in Wien Kinder in bitterer Armut auf. In manchen Schulklassen sind Frustration und Perspektivlosigkeit mit beiden Händen zu greifen. Jeder sechste Teenager verlässt die Pflichtschule, ohne richtig lesen und schreiben zu können.

Sogar von politischer Mitsprache sind viele Menschen ausgeschlossen – wie einst die Arbeiterschaft in der Monarchie: Denn ohne österreichische Staatsbürgerschaft darf man auch in der Demokratie nicht wählen gehen. In einer Stadt wie Wien betrifft das immerhin ein Drittel der Wohnbevölkerung.

Die von Adelheid Popp beschriebenen Mechanismen, die Arme, Zuwanderer und speziell die Frauen unter ihnen in Abhängigkeit halten, gibt es also noch. Oder, vielleicht besser: Es gibt sie wieder. Versuchen wir, ihnen nachzuspüren.

1. Scham und Ohnmacht

Scham ist ein machtvolles Gefühl. Scham bringt Menschen dazu, zu verbergen, wie sie leben und wer sie eigentlich sind. Das bindet viel Kraft, die für lohnendere Tätigkeiten fehlt. Eindringlich erzählt Popp eine beispielhafte Geschichte aus dem eigenen Schulalltag.

»36 Kreuzer kostete das Lesebuch. Ich bekam es von der Schule, nachdem Bittschriften mit Befürwortungen von Armenrat und Pfarrer überreicht waren.« Doch ihr Buch geht im Regen kaputt – und was folgt, ist eine Serie von Missverständnissen, Demütigungen und Strafen. Die Schule verlangt Ersatz für die »mutwillige Beschädigung von Schuleigentum«. Die Mutter kann nicht zahlen und schickt Adelheid zur »Herzogin«, zum »Herrn Getreidehändler« und anderen Honoratioren betteln; dem Mädchen müssen in der Schule immer neue Geschichten einfallen, um zu erklären, warum es so lang dauert. Die Lehrer verlieren die Geduld, haben keine Ahnung, wie knapp das Geld in der Familie ist, »sie hielten es für boshaftige Starrköpfigkeit, dass mich die Mutter so lang ohne Buch gelassen«. Schließlich hat die Schülerin alles Wohlwollen der Lehrer verspielt, bekommt in »Fleiß« die schlechtestmögliche Note und bleibt in ihrem dritten und letzten Schuljahr sitzen.

Es war das Ende ihrer Bildungslaufbahn. »Noch heute klingt mir das Wort ›Gesindel‹ im Ohr«, schreibt Popp bitter.

Scham bringt Menschen dazu, Dinge zu tun, die ihnen selbst schaden. Auch heute gibt es Kinder, die sich für ihre zerschlissenen Schultaschen oder Schuhe schämen – und deswegen die Schule schwänzen. Andere schämen sich für ihre Eltern und versuchen deswegen, sie von Elternsprechtagen fernzuhalten. Beides ist selbstverständlich dem Bildungserfolg nicht förderlich. Ein Kind schämt sich zuzugeben, dass das Geld für den Klassenausflug nicht reicht; sagt stattdessen »Mein Vater erlaubt nicht, dass ich mitfahre« – und schon steht die Familie als »fundamentalistisch« in der Ecke. Ein Erwachsener bleibt dem Sprachkurs fern, aus Scham, es könnte dort herauskommen, dass er Analphabet ist – und schon landet er als »fortbildungs- und arbeitsunwillig« in der Datei des Arbeitsmarktservice.

Die Angst, etwas falsch zu machen, hindert Menschen daran, neue Erfahrungen zu machen, Beziehungen zu knüpfen und weiterzukommen. Das Gymnasium, die Universität, die politische Versammlung, das Theater, das Networking-Event, die private Einladung des Chefs: Wer weiß, was einen dort erwartet, geht hin, ohne groß nachzudenken. Wer die Codes nicht kennt und Angst hat, sich zu blamieren, zögert. Oder bleibt aus Scham von vornherein fern.

»Wenn ich am Sonntag in die Kirche ging, sollte niemand die Fabrikarbeiterin erkennen«, schreibt Adelheid Popp über die Scham, die ihre Jugend begleitete. Ähnliche Gefühle kennen Kinder aus Arbeiterfamilien bis heute, wenn sie, allen Wahrscheinlichkeiten zum Trotz, Karriere machen. Der ausländische Name, der sprachliche Akzent, der eine fremde Muttersprache verrät – stets muss man fürchten, »entlarvt« zu werden. Sich unter Kontrolle haben. Wer jedoch meint, seine Herkunft verbergen zu müssen, verbirgt damit stets auch einen Teil der Persönlichkeit. Locker, authentisch sein ist schwer. Und dann fehlt einem die selbstverständliche Lässigkeit, die man in der modernen Arbeitswelt für die Ich-Vermarktung braucht.

»Es steht mir nicht zu«, »Dort gehöre ich nicht hin«: Die Soziologin Carina Altreiter hat diesen fatalen Mechanismus heute ebenfalls identifiziert. In ihrer Studie »Woher man kommt, wohin man geht« spürt sie dem Lebensgefühl junger Arbeiterinnen und Arbeiter nach und stößt auf starke mentale Vorbehalte. »Das war nix für mich«, sagt Florian da über eine höhere Schule. »Ich könnt mir nicht vorstellen zu studieren. Nein, das ginge nicht«, sagt David. Es klingt, als hätten diese jungen Menschen die Klassenschranken über Generationen verinnerlicht und würden damit ihrem Ehrgeiz von vornherein selbst Grenzen setzen.

Was ich ohnehin nicht haben kann, rede ich mir schlecht – damit ich sagen kann, es sei meine eigene Entscheidung gewesen. Ich schraube von vornherein meine Ziele herunter, damit es sich nachher nicht wie ein Scheitern anfühlt: Es ist ein destruktiver Reflex. Auch die Ablehnung intellektueller Leistung nährt sich aus ihm. Einer der von Altreiter interviewten Arbeiter nennt Kopfarbeit abfällig »Überdrüber«: Das brauche man nicht. Das sei nichts für »solche wie uns«. Seinen Stolz draus beziehen, dass man »kein Streber« ist, ist jedoch der Moment, in dem man das Streben nach mehr aufgibt.

In dieses anerzogene Gefühl der Ohnmacht passt, heute wie damals, der Kulturkonsum. Adelheid Popp erzählt von der großen Lust, mit der sie in ihrer Jugend »Schundromane« verschlang; »süchtig« gewesen sei sie nach den Geschicken unglücklicher Königinnen, nach »Rinaldo Rinaldini«, »Katarina Kornaro« und »Die weiße Frau in der Hofburg«: Sie »fühlte mit ihnen die Schrecken, wenn sie eingemauert, scheintot begraben, vergiftet, erdolcht oder gefoltert wurden«, und vergaß so ihr eigenes Elend. Von dort lässt sich eine direkte Linie ziehen zu den aktuellen Glamour- und Tratsch-Medien, in Verbindung mit dem verächtlich so genannten »Unterschichts-TV«: Gezeigt wird hier wie dort eine Welt, in der jeder Mensch seinen zugewiesenen Platz hat. In der Hierarchien nicht hinterfragt werden. In der stets von »Schicksal«, »Glück« oder »Wunder« die Rede ist. Kein Wort von Aufstieg durch Talent, Leistung, harte Arbeit, Qualifikation.

In den Fantasien der so ruhiggestellten Unterprivilegierten gewinnt man im Lotto. Oder indem man zufällig einem Traumprinzen über den Weg läuft, der einen aus dem Aschenputtel-Leben retten wird. Vielleicht. Es ist ein demütiges Lebenskonzept, das hier beworben wird. Seine Botschaft lautet: Du selbst kannst gar nichts tun, um deine Situation zu verbessern. Wie sehr du dich auch anstrengst – es ist völlig egal. Du kannst nur hoffen und demütig warten, was das Schicksal mit dir vorhat.

»Wie an schweren Ketten« sei sie gehangen: So beschreibt Popp die Last der traditionellen Rollenerwartungen. Der Ort der Frau ist das Heim, ihre dortige Aufgabe lautet, dem Mann »das Leben zu verschönern«, ihre Tugenden heißen Duldsamkeit, Gehorsam und Bescheidenheit: So schreibt es das Patriarchat vor. Und wir schleifen das Gewicht dieser Ketten bis heute hinter uns her.

Bei Mutter Dwořak war diese Denkweise stark religiös gefärbt. Sie war eine streng katholische Frau, Leiden war Teil ihres Lebens, immerhin hatte sie mehreren ihrer Babys beim Sterben zuschauen müssen. Sobald Adelheid heiratsfähig war, versuchte die Mutter bei jeder Gelegenheit, sie unter die Haube zu bringen – schlicht deswegen, weil sie sich für eine Frau keine andere gültige Lebensform vorstellen konnte. Selbst als Adelheid ihren beeindruckenden sozialen Aufstieg hinlegte, Journalistin wurde, gefeierte Agitatorin, Chefredakteurin, Politikerin, vermochte sie die Mutter damit nicht zu beeindrucken. »Je mehr ich mich als Rednerin betätigte, umso unglücklicher wurde meine Mutter«, berichtet Popp. Gemessen am Bescheidenheitsideal einer »guten Ehefrau« hatte die erfolgreiche Tochter versagt.

Diese verheerende Denkweise wurzelt in der strikten Trennung von »privater« und öffentlicher Sphäre, die das Patriarchat verlangt. Frauen arbeiteten zwar in allen Phasen der Geschichte und trugen wesentlich zum Lebensunterhalt ihrer Familien bei, schon lange vor der industriellen Revolution: Sie waren Bäuerinnen, Handwerkerinnen, Dienstbotinnen oder Mägde. Die Fabrikarbeiterin jedoch ist die erste Frau, die, allseits sichtbar, außer Haus arbeitet. Damit überschreitet sie eine rote Linie, die das Patriarchat für die Frau gezogen hat: Sie verlässt, zumindest stundenweise, ihren »Ernährer«, setzt sich der Öffentlichkeit aus und bekommt dafür eigenes Geld bezahlt.

»Schlecht, liederlich, verdorben« waren die Assoziationen, die mit dieser Grenzüberschreitung einhergingen. Das war durchaus konkret gemeint: Denn in der Fabrik arbeitete man Seite an Seite mit Männern. Mit unverheirateten. War häufigem Körperkontakt ausgesetzt und stand unter permanenter Beobachtung – durch Chefs, Vorarbeiter, Kunden, Lieferanten. Lange bevor das Wort »sexuelle Belästigung« gebräuchlich wurde, erzählt Popp, dass genau das zum Arbeitsalltag gehörte. Richtig machen konnte man als Frau in einer solchen Situation wenig. Wer sich wehrte, lief Gefahr, den Job zu verlieren – »ich wurde überspannt genannt«, erzählt Popp. Wer sich hingegen fügte, musste damit rechnen, dass Gerüchte über einen »unsittlichen Lebenswandel« die Runde machten. Was den gesellschaftlichen Ruf und die Heiratschancen einer jungen Frau massiv gefährden konnte.

Unter verarmten kleinbürgerlichen Frauen, die unter Abstiegsängsten litten, führte dieses schlechte Image der Fabriksarbeit dazu, dass sie lieber Heimarbeit suchten – die meistens noch schlechter bezahlt war als Fabriksarbeit und in völliger Isolation stattfand. Bis in die achtziger Jahre des 20. Jahrhunderts waren bürgerliche und kleinbürgerliche Ehemänner stolz darauf, dass »meine Frau nicht außer Haus arbeiten gehen muss«. Die Linie lässt sich bis in die Gegenwart fortsetzen, bis hin zu jenen Frauen, die lieber daheim am Küchentisch »ein bisschen was freiberuflich dazuverdienen«, als sich beim AMS als arbeitslos zu melden. Für Ersteres muss man sich ihrer Meinung nach nicht genieren – für Zweiteres hingegen schon.

Dieses ideologische Muster behindert bis heute konservative Musliminnen, die bei der Wahl ihres Arbeitsplatzes darauf achten müssen, fremden Männern nicht zu nahe zu kommen –

entweder aus eigener Scheu oder aus Eifersucht des Ehemanns. Das schränkt selbstverständlich die Auswahl an attraktiven Berufschancen drastisch ein. Hier spielt auch das Kopftuch eine Rolle. Dass es Frauen, die Kopftuch tragen, wesentlich schwerer haben, Lehrstellen, Ausbildungsplätze oder gute Jobs zu finden, ist bekannt. Gleichzeitig kann diese Diskriminierung als Schutzschild benützt werden, um sich der Berufswelt gar nicht erst aussetzen zu müssen. »Für eine wie mich gibt es ohnehin keinen Job«: Schon wieder eine Selbstbeschränkung, mit weitreichenden Folgen.

Ähnliches kann auch ohne jeden religiösen Zusammenhang passieren. Veronika ist eine junge Arbeiterin aus Carina Altreiters Studie, die – ähnlich wie Adelheid Popp – mit einem gewalttätigen Vater in einer Kellerwohnung aufwuchs. Dennoch ist ihre Loyalität zu den Eltern stark, und das Bild, wie eine »gute Tochter« zu sein hat, unverrückbar. Die Eltern »wollten nicht, dass ich weggehe, dass ich mit dem Bus wo hinfahre«: So erklärt Veronika die schlichten Gründe, die sie davon abhielten, eine HTL zu besuchen.

Offenbar fürchten manche Frauen heute immer noch, keine »gute Frau« mehr zu sein, wenn sie die ihnen zugewiesene Sphäre verlassen. Wenn sie sich öffentlich exponieren, Raum nehmen; wenn sie gar politisch tätig sind. Während Adelheid Popp auf ihren Agitationsreisen kreuz und quer durchs Land fuhr, in Wirtshäusern auftrat und allein in Privatquartieren übernachtete, verfolgte sie der lauernde Argwohn auf Schritt und Tritt. Sie wurde als »Mannweib« verhöhnt. Es gab Vermutungen, es könne sich bei ihr um gar keine »richtige« Frau handeln, sondern um einen verkleideten Mann. In der bürgerlichen Presse wurde ihr ein »liederlicher Lebenswandel« vorgeworfen – da ist der Vorwurf der Prostitution nicht mehr weit.

Doch ist Politik nicht, per definitionem, eine Überschreitung der traditionellen Frauenrolle? Wer Politik macht, betritt die öffentliche Sphäre, die traditionell dem Mann gehört. Politik sei »ein undankbares Geschäft«, wird Popp von einem Fabrikanten gewarnt. In einem ähnlich fürsorglich-paternalistischen Tonfall wird Frauen bis heute geraten, sich lieber nicht zu engagieren: Der Tonfall in der Politik sei rau, die Medienwelt brutal, das werde für sie sicher unangenehm.

Dass eine Frau, die in der Öffentlichkeit unterwegs ist, eben »damit rechnen müsse, dass ihr etwas passiert«: Diese Drohung identifiziert Popp hellsichtig schon vor hundert Jahren als eine der wirksamsten Waffen, um Frauen zu lähmen. Vom Tahrir-Platz in Kairo wurden Frauen mit körperlicher Gewalt vertrieben: Systematische sexuelle Belästigungen, Übergriffe, Vergewaltigungen sollten sie in die Schranken weisen und aus dem öffentlichen Raum verscheuchen. Ähnliches geschieht heute, auf einer symbolischen Ebene, in den sozialen Medien: Traut sich eine Frau allzu selbstsicher in die öffentliche Arena, wird sie häufig zur Zielscheibe von Schmähungen und Beschimpfungen. Die Botschaft lautet: Selber Schuld! Eine »anständige« Frau hält sich zurück. Wer sich selbst zur »öffentlichen Frau« macht, gehört allen und darf gejagt werden.

Solche Übergriffe sind weithin sichtbar und dienen als Warnung an alle Mädchen, die mit dem Gedanken spielen, sich ebenfalls zu Wort zu melden: Schau her, was wir mit dir machen können! Bleib also lieber unsichtbar!

3. Stress und Vereinzelung

»Alle Bemühungen, Arbeit zu finden, waren erfolglos«, erzählt Popp. »Namenlose Verzweiflung bemächtigte sich meiner, dann hoffte ich wieder, dass irgendein Zufall mir helfen würde.

Wo sollte ich Geld hernehmen? Ich kniete nieder beim Altar und betete unter Weinen und Schluchzen.«

»Claudia fühlt sich oft vollkommen überwältigt. Nachdem sie vor ein paar Tagen morgens auf ihren Kontostand gesehen hatte, konnte sie nicht mehr. Ihr kamen die Tränen. Weil sie vor ihren Kindern nicht weinen wollte, und aus Sorge, sie würden ihre Angst bemerken, setzte sie sich zum Weinen ins kalte Stiegenhaus vor die Wohnungstüre. ›Zu all der Angst, Unsicherheit und dem Stress kommt dann noch das Gefühl des Versagens‹, erzählt Claudia. ›Dass man es nicht schafft, genug zu verdienen, das vernichtet einen innerlich so richtig.‹«

Zwischen den beiden Schilderungen liegen hundert Jahre. Adelheid wohnte in einem Untermietkabinett mit einer nackten Glühbirne als Lampe. Claudia wohnt in einer Drei-Zimmer-Sozialwohnung. Adelheid bekam ihren kargen Lohn noch bar auf die Hand, Claudia hat ein permanent überzogenes Girokonto. Mehrere Jahrzehnte Sozialpolitik trennen die beiden Frauen. Doch der Stress, die Zukunftsangst und das Gefühl, mit den materiellen Sorgen völlig allein zu sein, fühlt sich heute ähnlich an wie damals.

Wie sind diese Parallelen zu erklären?

Adelheid Popp wuchs, Ende des 19. Jahrhunderts, inmitten einer tiefgreifenden Umwälzung der Arbeitswelt auf. Sie spürte das anhand ihrer eigenen Familie. Der Vater stammte aus einer böhmischen Weberfamilie – diesem Handwerk hatte es durch die Industrialisierung der Textilproduktion den Boden unter den Füßen weggerissen, deswegen hatte die Familie wohl ihr Dorf verlassen müssen und war nach Wien gezogen. Adelheids großer Bruder hatte noch Perlmuttschleiferei gelernt, ein aussterbendes Handwerk. Auch ihn brauchte niemand mehr. Stattdessen schlug die Stunde der ungelernten Arbeiter und Arbeiterinnen, die für die Arbeit nichts mitbringen mussten außer Körperkraft, Ausdauer und Energie. Frauen waren in bestimmten Branchen besonders beliebt – waren sie doch noch flinker und billiger als Männer.

Heute ist ein vergleichbarer Umbruch im Gange. In mehreren Jahrzehnten sozialdemokratischer Sozialpolitik hat sich die Arbeiterklasse konsolidiert. Sie rang den Unternehmern den Achtstundentag, die Fünf-Tage-Woche, Arbeitsschutzgesetze, Kollektivverträge, Arbeitszeitregelungen und ein Streikrecht ab. Die Nachfahren der Wiener Slumbewohner von 1900 haben einen bemerkenswerten sozialen Aufstieg hingelegt, wohnen heute in Gemeinde- und Genossenschaftswohnungen und sind stolz auf die historischen Errungenschaften der Gewerkschaften. Doch die Veränderungen der Produktionsweisen lassen das Fundament dieser Erfolgsgeschichte inzwischen bröseln.

In der Industrie wird immer präziser und spezialisierter produziert, mit immer weniger Personal und immer mehr Maschinen. Durch die grenzüberschreitende Fertigung ist die Arbeiterschaft weltweitem Wettbewerb ausgesetzt – fast immer gibt es irgendwo jemanden, der schneller, besser oder billiger arbeitet. Die offenen Grenzen in Europa verschärfen diesen Wettbewerb. Vom Einzelnen wird immer mehr Anpassungsfähigkeit verlangt, »Flexibilität« ist das Zauberwort. Der permanente Zwang, sich weiterzuqualifizieren und mobil zu sein, setzt jedem Einzelnen zu, der Konkurrenzdruck wächst.

Die vermeintliche Sicherheit, die die Sozialdemokratie ihrer Klientel einige Jahrzehnte lang versprechen konnte, gibt es daher nicht mehr. Jene Arbeiter und Arbeiterinnen, die noch reguläre Jobs haben, müssen fürchten, sie durch Rationalisierungen zu verlieren. Neben den Firmenangestellten an der Werkbank stehen Angestellte von Leiharbeitsfirmen – die dieselbe Arbeit oft um deutlich weniger Geld und mit weniger Rechten machen. Große Teile der betrieblichen Produktion werden ausgelagert – an Subunternehmen, an Firmen mit Sitz im Ausland, in Nischen der Arbeitswelt, wo kein Betriebsrat hinlangt und kaum jemand seine Rechte kennt.

Veronika Bohrn Mena schildert in ihrem Buch »Die neue ArbeiterInnenklasse«, was das mit Menschen macht. »Obwohl sie um neun Uhr morgens mit der Arbeit beginnen, sind sie in der Regel bis 21.30 im Einsatz«, berichtet sie über Berat und Ayaz, zwei Brüder, die in Wien als Paketzusteller arbeiten. Die beiden freuen sich, dass sie angestellt sind – in ihrer Branche keine Selbstverständlichkeit. »Ich frage sie, ob sie nach einem Kollektivvertrag entlohnt werden, und sie versichern mir, dass das der Fall wäre. Bei weiterer Nachfrage stellt sich jedoch heraus, dass sie nicht wissen, was ein Kollektivvertrag ist.« Mit Überstunden kommen sie auf netto 1180 Euro im Monat. Die beiden sind Teil der 313.000 »Working Poor« in Österreich, die trotz Vollzeit-Arbeit an der Armutsgrenze entlangschrammen. Etwa die Hälfte dieser Menschen hat keine österreichische Staatsbürgerschaft.

Noch ungeschützter sind jene, die formell selbständig arbeiten, obwohl sie von einem Auftraggeber abhängig sind – als Ein-Personen-Unternehmen oder freie Dienstnehmer. Hier gelten gar keine Arbeitszeitregeln mehr, kein Kollektivvertrag, kein Mindestlohn. In der Welt der Neuen Selbstständigen gibt es, wie für die Heimarbeiterinnen zu Adelheid Popps Zeiten, keinen Krankenstand und keine Sonntagsruhe, dafür jedoch manchmal Pönale-Zahlungen, wenn sie sich nicht an die Vorschriften des Auftraggebers halten. Selbständige Boten und Kuriere müssen Strafe zahlen, wenn sie die Firmenjacke nicht richtig tragen; selbständige Personenbetreuerinnen, wenn sie einen anderen Taxi-Minibus für die Heimfahrt wählen als jenen, den ihnen die Agentur vorschreibt.

Anders als die Dienstboten der Ersten Republik, die 1919 endlich gesetzlich festgelegte Ruhezeiten und ein abschließbares eigenes Zimmer garantiert bekamen, gibt es für die Vierundzwanzig-Stunden-Betreuerinnen von heute keinerlei diesbezügliche Vorschriften – weil sie ja formell Unternehmerinnen sind. Am Zustandekommen des Dienstbotengesetzes, einem Meilenstein der Ersten Republik, war Adelheid Popp damals übrigens federführend beteiligt. Die Betreuerinnen heute hingegen haben keine politische Lobby. Was und wie sie arbeiten, fällt unter »privat«.

Die Angehörigen dieses neuen Proletariats sind mit den ökonomischen Risiken, die der Kapitalismus in ihr Leben ausgelagert hat, ganz allein. Sie sind unorganisiert und vereinzelt. Das macht sie erpressbar, ausbeutbar. Selbstverständlich wirkt diese billige Konkurrenz von außen wieder auf die (noch) Angestellten in den Betrieben zurück, erhöht dort die Angst vor dem Arbeitsplatzverlust und bringt Arbeiterinnen und Arbeiter dazu, auf Rechte, die ihnen eigentlich zustehen – Krankenstand, Urlaub, Fortbildung, Karenz – zu verzichten.

Wie geschickt der Kapitalismus diese Spaltung der Arbeiterschaft zu nützen weiß – da lässt sich eine verstörend direkte Linie zwischen damals und heute ziehen. Frauen seien eine »unerfahrene, widerstandslose Gruppe ohne ausgeprägtes Klassenbewusstsein«, schreibt Adelheid Popp 1919 – als »Dulderinnen« und »von klein auf zur Bedürfnislosigkeit erzogen« seien sie bereit, »an Stelle der Männer zu treten und billig ihre Arbeitskraft zu verkaufen«. Streikten männliche Arbeiter, wurden Frauen damals häufig als Streikbrecherinnen eingesetzt, oder die Produktion wurde gleich an Heimarbeiterinnen weiterdelegiert.

Die Sozialwissenschaftlerin Käthe Leichter schrieb 1923: »Es ist das Bestreben der Unternehmer, ihr Risiko auf die Arbeiter abzuwälzen; sie lagern die Produktion aus, an das unerschöpfliche Reservoir billiger, gefügiger Arbeitskräfte in der Heimarbeit«.

Und Carina Altreiter schreibt heute: »Unternehmen setzen gezielt am Arbeitsmarkt marginalisierte Gruppen ein, von denen sie annehmen, dass sie schlechte Arbeitsbedingungen eher akzeptieren.«

4. Was können wir tun?

Scham, Selbstbeschränkung, Vereinzelung und wachsender Arbeitsdruck lassen arbeitenden Menschen kaum Zeit und Energie, um sich aktiv politisch einzumischen. An allen Fronten ist die klassische Arbeiterschaft daher heute in der Defensive. Zahlenmäßig nimmt sie ab. Machtvoll in Erscheinung tritt diese Gruppe nur, wenn sie das politische Establishment das Fürchten lehrt. In den USA hat die weiße, überwiegend männliche Arbeiterschaft Donald Trump zweimal zum Präsidenten gewählt. In Europa verhilft sie den rechtspopulistischen Parteien zu Höhenflügen. Sie sorgte dafür, dass Großbritannien die EU verließ.

Protektionismus, Abschottung gegen die Globalisierung und die sogenannte »Ausländerfrage« sind heute die wichtigsten Themen der Arbeiterschaft. Häufig begleitet von Zukunftsangst, Frustration und Wut. Rückwärtsgewandte Gefühle, die lähmen.

Wie kommen wir aus dieser Ecke wieder raus? Was können arbeitende Menschen tun, um – dem Vorbild Popps folgend – die Souveränität über ihr Leben wieder in die Hand zu bekommen? Und wie müssten sich dafür die Umstände ändern?

Vieles beginnt bei der Bildung. Vom »mühevollen Werk der Selbsterziehung« sprach Adelheid Popp – und davon, dass Arbeiter und Arbeiterinnen zwar »nach Bildung lechzen, aber immer wieder zurückschrecken, weil sie es sich nicht zutrauen.« Das österreichische Bildungssystem hat diese Barriere quasi institutionalisiert. Zwar sind in Wien, anders als in vergleichbaren Großstädten, die Wohnviertel durchmischt. Klar abgegrenzte Sozial-Gettos, in denen sich der Status an der Adresse ablesen lässt, gibt es kaum. In Wien wohnten reiche und arme Menschen häufig unter einem Dach (die einen Substandard im Erdgeschoß, die anderen im Dachausbau), oder höchstens ein paar Straßenbahnstationen voneinander entfernt. Die Sortierung nach Klassen findet jedoch, mit eiskalter Präzision, in der Schule statt – spätestens im Alter von zehn Jahren, wenn die Entscheidung »Mittelschule oder Gymnasium« fällt.

War in Adelheids Kindheit das Gymnasium die Ausnahmeschule für eine kleine bürgerliche Elite, so ist es im modernen Wien die Regelschule für alle Kinder, deren Eltern ein Mindestmaß an Ambitionen und Ressourcen haben. Für die Mittelschule bleibt der »Rest«: Kinder aus schwierigen sozialen Verhältnissen, Kinder, die schlecht Deutsch sprechen, eben erst zugezogene Flüchtlinge, Kinder mit körperlichen Behinderungen oder Lernschwächen.

Das Umfeld definiert jedoch jeweils den »Möglichkeitsraum« der Kinder, wie es Carina Altreiter nennt: Wo endet der Horizont? Wie weit sind die Ziele gesteckt, mit wie viel Selbstbewusstsein packt man sie an, und zeigt einem jemand das Werkzeug, um diesen Zielen näherzukommen? In der städtischen öffentlichen Mittelschule, der Schule des modernen Subproletariats, ist dieser Möglichkeitsraum eng. Häufig reicht er grade mal vom Park um die Ecke über den Moscheeverein bis zum Heimatdorf der Eltern. An theoretischer Ambition fehlt es nicht: Speziell Zuwandererkinder äußern oft hochfliegende Berufswünsche – Arzt, Anwältin. Doch haben sie wenig Ahnung, welche konkreten Schritte dorthin führen. Viele von ihnen haben noch nie jemanden getroffen, der wüsste, wie man auf eine Universität kommt.

Eine gemeinsame Schule von bildungsnäheren und bildungsferneren Kindern würde den Erfahrungshorizont schlagartig erweitern – und zwar für beide Seiten. Sprachen, Verhaltensweisen, Erfahrungen würden ausgetauscht; und Kinder aus der marginalisierten Unterklasse hätten die Chance, sich ihre Freundinnen und Freunde sowie Lernvorbilder selbst auszusuchen. Die demütigende Erfahrung, von Anfang an als »zweitklassig« aussortiert zu werden, bliebe ihnen erspart – samt allen Folgen, die das für das Selbstbewusstsein hat.

Ein wichtiger Marker, der einschließt und ausschließt, ist die Sprache. Popp erwähnt in ihrer Jugendgeschichte nicht, welche Umgangssprache ihre Familie daheim verwendete. Einige ihrer Bemerkungen lassen auf weitreichende Sprachlosigkeit schließen: Sie selbst, erzählt Popp, habe Tschechisch, die Muttersprache ihrer Eltern, nicht gekonnt. »Vor dem Vater hatte ich eine unbezwingliche Scheu, und ich erinnere mich nicht, ihn je angeredet zu haben oder von ihm angesprochen worden zu sein.« Die Mutter war Analphabetin. Eine klassische Erfahrung jedenfalls teilte Adelheid mit vielen Zuwandererkindern der Gegenwart: Sie war es, die den Eltern die Briefe vorlesen musste. Wenn eine Vorladung kam, begleitete sie ihre Mutter aufs Amt.

Solche Verantwortung wiegt auch heute schwer. Und sie ist umso konfliktbehafteter, je weniger Prestige mit der Herkunftssprache verbunden ist. Wer in der Straßenbahn Französisch spricht, muss nicht damit rechnen, verächtlich angezischt zu werden; wer Türkisch spricht, sehr wohl. Bei Kurdisch, Romanes und anderen unterdrückten Sprachen, die man über Generationen zu »verstecken« gelernt hat, wird die stolze Identifikation noch schwieriger.

Worte zu finden ist jedoch die Voraussetzung für jede politische Mitbestimmung. Man muss wissen, wie es sich körperlich anfühlt, wenn man die Stimme erhebt, wenn andere einen anschauen, wenn einem zugehört wird. Man braucht das nicht nur für die Entfaltung der eigene Persönlichkeit, sondern auch, um gesellschaftlich wahrgenommen zu werden – in der Mediengesellschaft mehr denn je. Adelheid Popp beschreibt eindringlich den Moment, bevor sie sich erstmals in einer Arbeiterversammlung – in einem Saal voller Männer – zu Wort meldete: »Ich hatte das Gefühl, dass ich reden müsste. Ich bildete mir ein, alle Augen seien auf mich gerichtet. Als ich die Stufen zum Rednerpult hinaufging, flimmerte es mir vor den Augen und ich spürte es würgend im Halse. Aber ich überwand diesen Zustand und redete.«

Solche Erfahrungen – dass man sich etwas traut; dass man mehr kann, als man dachte – können für eine Biografie entscheidend sein. Auf das Umfeld kommt es an, ob solche Erfahrungen positiv verstärkt werden. Projekte, die mit Singen, Tanzen, künstlerischem Ausdruck, Körperwahrnehmung, Sport oder Rollenspielen arbeiten, zeigen deswegen oft große Wirkung. Sie öffnen Tore zu Selbstbewusstsein und neuen Ambitionen. Nicht nur bei Kindern und Jugendlichen, sondern manchmal sogar noch bei Erwachsenen.

Die konservative Bildungspolitik setzt jedoch eher auf den entgegengesetzten Weg: nicht auf Entfaltung, sondern auf Druck und Strafe. »Integrationsverweigerung«, Schulpflichtverletzungen und mangelndes Engagement von Eltern sollen sanktioniert werden. Adelheid Popp erlebte genau das: »Meine Mutter war eine Feindin der ›neumodischen Gesetze‹, wie sie die Schulpflicht nannte. Sie fand es ungerecht, dass andere Menschen den Eltern vorschrieben, was sie mit ihren Kindern zu tun hätten.« Der Mutter gelang es noch, Adelheid nach drei Schuljahren von der Schule abzumelden. Beim jüngeren Bruder stieß sie jedoch auf behördlichen Widerstand: Es »hatten sich mittlerweile die Gesetze über die Schulpflicht schon mehr eingelebt, und die

Schulbehörde machte Schwierigkeiten.« Die Mutter handelte sich mehrere Arreststrafen ein. Von der Sinnhaftigkeit von Bildung überzeugen konnte sie das allerdings nicht.

Klare Regeln, die wirklich durchgesetzt werden, können durchaus sinnvoll sein – denn selbstverständlich gibt es auch heute Eltern, die den Aufstieg ihrer Kinder eher behindern als fördern. Indem sie sie aus religiösen Gründen nicht an Sport, Musik oder Klassenausflügen teilnehmen lassen. Indem sie sie weltanschaulich indoktrinieren und von anderen Einflüssen abzuschotten versuchen. Indem sie an den falschen Stellen Geld sparen. Oder ihre Kinder mit Handy und Computer einfach ruhigstellen. An purer Bösartigkeit liegt das nur selten. Viel häufiger liegt es an Überforderung. Die Kürzung von Sozialleistungen, speziell für kinderreiche Migrantenfamilien, führt deswegen in die falsche Richtung: denn sie schafft diese Überforderung nicht etwa aus der Welt, sondern verstärkt sie noch.

Gleichzeitig wäre Kindern aus der Unterklasse jedoch oft mit anderen Maßnahmen besser geholfen als mit Geld: mit menschenwürdigen Sozialwohnungen etwa, auch für jene, die heute keinen Anspruch darauf haben, samt einem anregenden sozialen Umfeld. Mit guten Kinderbetreuungseinrichtungen von ganz klein auf, auch für jene Familien, in denen die Eltern keiner Lohnarbeit nachgehen. Mit kostenlosen Ganztagsschulen, inklusive hochwertigen Mahlzeiten, gezielter Begabungsförderung und vielfältigen – womöglich gar verpflichtenden – Aktivitäten: Sport, Kultur, Stadtentdeckung. Nicht nur für die Kinder würde das die Möglichkeitsräume drastisch erweitern, sondern auch für deren Eltern. Es würde ihren Stress und ihre Versagensängste lindern, ihre Joboptionen verbessern, Zeit und Energie für Sprachkurse oder Weiterbildung freimachen und damit die Gestaltungsmacht über ihr Leben erhöhen.

Ähnlich positiv kann staatlicher »Zwang« wirken, was die Überwindung der traditionellen Geschlechterrollen betrifft. Der Verteilungskonflikt um bezahlte und unbezahlte Arbeit ist, vierzig Jahre rechtlicher Gleichberechtigung zum Trotz, bis heute noch nicht gelöst. Präzise beschrieb Popp schon vor hundert Jahren den Mechanismus, der in einer patriarchalen Familie dazu führt, dass sich Männer und Frauen voneinander entfremden: »Der Mann wächst geistig draußen, daheim eine verständnislose Frau – die schließlich, weil dies die einzige Basis ihrer Macht ist, die Kinder als Waffe gegen den Mann benützt.« Ziemlich aktuell wirkt auch die Darstellung ihres eigenen Alltags als berufstätige Mutter: »Mit Säugling am Schoß« schrieb sie ihre Artikel; es »quälte mich der Gedanke, dass ich keine meiner Pflichten ganz erfüllen konnte«; »Tag für Tag hunderterlei Kleinigkeiten« – und das Mutter-Unvermögen sei »noch schlimmer, wenn ihr bewusst ist, wie es sein sollte und wie es leider nicht ist«. Dieses Dilemma kennen wir heute aus allen Gesellschaftsschichten. In jenen Schichten allerdings, wo Probleme nicht mit Geld gelöst werden können, stellt es sich noch drängender.

Im Österreich des Jahres 2026 wird die Vereinbarkeit von Beruf und Familie noch immer in den privaten Bereich abgeschoben – und als »Frauenproblem« definiert. In der Studie »So leben wir heute«, in der Wiener Industriearbeiterinnen über ihr Leben befragt wurden, wird das deutlich. Achtundsiebzig Prozent der Frauen geben hier an, für Hausarbeit »überwiegend zuständig« zu sein. Dreiundsiebzig Prozent der pflegebedürftigen Angehörigen werden von Frauen versorgt. Sämtliche Konflikte, die entstehen, wenn Lohnarbeit und Betreuungspflichten kollidieren, werden Frauen angehängt; wenn sich irgendetwas nicht ausgeht, sollen sie halt Lösungen finden. Genannt wird das »Wahlfreiheit«.

Männer hingegen dürfen auch 2026 noch so tun, als ginge sie das alles nichts an. Das Ergebnis ist bekannt: Einundfünfzig

Prozent der Frauen arbeiten Teilzeit, aber nur dreizehn Prozent der Männer. Sobald in einer Partnerschaft ein Kind auf die Welt kommt, sackt das Einkommen der Frau auf die Hälfte ab – und erholt sich von diesem Niveau später kaum wieder. Gleichzeitig steigt das Einkommen des Vaters mit der Geburt eines Kindes oft sprunghaft an – er hat ja jetzt »eine Familie zu versorgen« und macht Überstunden. Das Ergebnis ist bekannt: Gender Pay Gap, Abhängigkeit der Ehefrau von ihrem Partner, auch über eine allfällige Trennung hinaus, niedrige Frauenpensionen, Altersarmut.

Gleichberechtigte Elternschaft ist der wichtigste Hebel, mit dem sich hieran etwas ändern ließe. Doch solange diese Frage als »privat« definiert wird, die jede Familie individuell für sich lösen muss, wird sich daran nicht viel ändern – schon wegen des wachsenden Drucks in der Arbeitswelt. Zielführender wären klare staatliche Regeln: eine verpflichtende 50/50-Aufteilung der Karenzzeiten, Teilzeitmodelle für Väter in allen Betrieben, Quoten auf allen Hierarchieebenen, speziell auch in Bildungs- und Sozialberufen. Selbstverständlich in Verbindung mit einem massiven Ausbau der öffentlichen Kinderbetreuungs- und Altenpflegeeinrichtungen, der auf die wachsende Flexibilisierung in der Arbeitswelt Rücksicht nimmt.

Gleichberechtigte Aufgabenteilung tue nicht bloß den Frauen gut, war Popp überzeugt: Sie habe am eigenen Leib die Erfahrung gemacht, »wie glücklich und ungetrübt eine Ehe sein kann, wenn sie auf vollständiger Harmonie der Gesinnung beruht«, und »wenn der Mann Anerkennung für die Leistungsfähigkeit der Frau hat«. Und im demografischen Interesse der Allgemeinheit sei es ebenfalls, denn: »Der Staat kann kein Interesse daran haben, dass die Frauen die Fähigkeit und auch den Willen, Kinder zu gebären, verlieren.«

An den großen Zielen der Arbeiterbewegung hat sich nichts geändert: Licht, Luft, Kultur, Gleichberechtigung, politische Teilhabe und ein selbstbestimmtes Leben für alle. Die Kräfte, die arme Menschen von diesen Zielen fernhalten, sind immer noch stark. Doch anstatt sie präzise zu benennen und gemeinsam zu versuchen, sie aus dem Weg zu schaffen, wurden in den vergangenen Jahren neue Fronten aufgemacht: Inländer gegen Ausländer. Alte gegen Junge. Männer gegen Frauen. Und, besonders perfide: die etablierte Arbeiterklasse, die vor hundert Jahren ihren gesellschaftlichen Aufstieg begann, gegen das neue Subproletariat, das heute ungefähr dort steht, wo Adelheid Popps Familie vor hundert Jahren war.

Erbittert stehen sie einander in den traditionellen Arbeitervierteln gegenüber: »Unsere Leute« und »die Fremden«. Mal ängstlich, mal wütend wird Territorium markiert und verteidigt: im Gemeindebau, im Park, auf den Märkten, in Spitälern, in Schulen. Bei rechten Populisten erschallt der Ruf nach »Gerechtigkeit« und »Fairness« – meistens ist damit bloß gemeint, eine benachteiligte Gruppe gegen eine andere in Stellung zu bringen, auf dass die einen den anderen etwas wegnehmen mögen. Doch wenn es eine Erkenntnis gibt aus mehr als hundert Jahren Frauen- und Arbeiterbewegung, dann diese: Sich gegeneinander ausspielen zu lassen, hat die Benachteiligten immer nur noch schwächer gemacht.

In Wirklichkeit hätten beide Teile der Arbeiterklasse, der alte und der neue, wesentlich mehr gemeinsam, als populistische Politik behauptet. Man müsste nur jene Brille ablegen, die stets ausschließlich auf kulturelle, sprachliche, religiöse Unterschiede fokussiert, und stattdessen das Verbindende in den Blick nehmen. Die Vergangenheit der einen ist die Gegenwart der anderen, und wenn man genauer hinschaut, stecken sie sogar in der Gegenwart in ähnlichen Schuhen: Sie wohnen in denselben Stadtvierteln. Ihre Kinder gehen in dieselben Schulen. Sie kicken in denselben Parks, spielen dieselben Computergames, drängeln sich in denselben überfüllten Straßenbahnwaggons, kaufen in denselben Einkaufszentren ein, warten in denselben Wartezimmern beim Arzt.

Es sind dieselben Kämpfe, die sie Tag für Tag ausfechten – gegen den Mangel, gegen die Zukunftsangst, gegen das permanente Gefühl, ohnmächtig zu sein und im Wettbewerb nicht bestehen zu können.

»Tausende könnten dasselbe erzählen, soweit Leiden und Dulden in Betracht kommen. Aber nur wenige fanden den Weg zur Erhebung und zum Aufstieg aus einer bedrückten und versklavten Jugend«, schreibt Adelheid Popp im Vorwort zur vierten Auflage ihrer Jugendgeschichte. Da hatte ihr Büchlein lägst schon Kultstatus, war in den Fabriken von Hand zu Hand weitergereicht worden, wurde in den Arbeiterbildungsvereinen diskutiert und begleitete den Aufstieg Popps zur gefeierten Rednerin, Agitatorin, Journalistin und schließlich zur Politikerin. Es wurde zu einer Handlungsanleitung für eine ganze Generation.

Man könnte dasselbe heute wieder tun – aus den gemeinsamen Erfahrungen Kraft schöpfen und eine gemeinsame Strategie schmieden. Begreifen, was Popp damals begriff: Dass nicht individuelles Versagen oder persönliche Charakterschwächen am eigenen Elend Schuld sind, sondern dass es vielen ähnlich geht. Dass es systemische Ursachen dafür gibt. Dass man, objektiv betrachtet, denselben Gegner hat.

Genau diesen kollektiven Ansatz wiederzufinden, ist wahrscheinlich eines der schwierigsten Vorhaben in der gegenwärtigen politischen Situation. Wer »wir« sagt, meint es heute meistens ausschließend: »wir« gegen »die anderen«, »wir« gegen die Fremden, »wir« gegen jene, die nicht dazugehören. Auf der anderen Seite feiert der Liberalismus das Individuum, die Authentizität und die unverwechselbare Persönlichkeit, die nicht in der Masse aufgehen will.

Doch Popp wusste, dass es auch ein anderes »Wir« gibt – ein solidarisches. Und dass man zuerst gemeinsam kämpfen muss, damit der Einzelne nachher sein Leben frei gestalten kann.

Im »Mädchenbuch«, einem Ratgeber für junge Frauen, schrieb sie 1911: »Das Wichtigste ist, dass jedes Mädchen, das mit anderen Mädchen zusammenarbeitet, das Gefühl empfindet: ich gehöre mit diesen zusammen. (...) Die eine mag hübsch, die andere häßlich sein. (...) Gut und tüchtig können beide sein. Ebenso ist es mit der Verschiedenheit der Abstammung und der Religion. (...) Laßt euch nicht betören von jenen, die euch gegeneinander hetzen und Zwietracht und Feindschaft unter euch säen wollen. (...) Je größer eure Einigkeit, umso besser wird sich euer Leben gestalten.«

So ist das.

Literaturverzeichnis

Carina Altreiter, Woher man kommt, wohin man geht. Über die Zugkraft der Klassenherkunft am Beispiel junger Industriearbeiterinnen, Frankfurt/New York 2018.

Veronika Bohrn Mena: Die neue ArbeiterInnenklasse. Menschen in prekären Verhältnissen, Wien 2019.

Ute Frevert, Frauen-Geschichte. Zwischen Bürgerlicher Verbesserung und Neuer Weiblichkeit, Frankfurt am Main 1986.

Georg Freund, Inzersdorf am Wienerberge: historisch-topografische Darstellung des Ortes und seiner Bestandtheile vom Ursprunge bis in die neueste Zeit, Inzersdorf am Wienerberge 1882.

Ernst Hanisch, Arbeiterkindheit in Osterreich vor dem Ersten Weltkrieg. Internationales Archiv für Sozialgeschichte der deutschen Literatur 7 (1982), 109–147.

Gabriella Hauch, Frauen bewegen Politik. Österreich 1848–1938, Innsbruck/Wien/Bozen 2009.

Thomas Mördinger, Adelheid Popp. Aus der Rechtslosigkeit in die Gesetzgebung. Eine sozialdemokratische Frauenkarriere [Dipl.], Wien 2004.

Heidy Margrit Müller, Die Beziehung zur Mutter in autobiographischer Erzählprosa von Marie von Ebner-Eschenbach, Hedwig Dohm und Adelheid Popp, in: Irmgard Roebling/Wolfram Mauser (Hg.), Mutter und Mütterlichkeit: Wandel und Wirksamkeit einer Phantasie in der deutschen Literatur, Würzburg 1996, 271–284.

Verena Pawlowsky, Mutter Ledig - Vater Staat : Das Gebär- Und Findelhaus in Wien 1784–1910, Wien/Köln/Weimar 2001.

Adelheid Popp, Erinnerungen. Aus meinen Kindheits- und Mädchenjahren. Aus der Agitation und anderes, Berlin 1915.

Edith Prost (Hg.), »Die Partei hat mich nie enttäuscht ...« Österreichische Sozialdemokratinnen, Wien 1989.

Roswita Reiter, Adelheid Popp – Biografie einer bewegenden Sozialdemokratin, Berlin 2010.

Edith Saurer, Liebe und Arbeit. Geschlechterbeziehungen im 19. und 20. Jahrhundert, Wien/Köln/Weimar 2014.

Claudia Sorger/Nadja Bergmann, So leben wir heute … Wiener Industriearbeiterinnen berichten über ihr Leben. Auf den Spuren Käthe Leichters, Wien, 2018.

Agnes Streissler, Die Inzersdorfer Ziegelarbeiter. Eine sozialstatistische Fallstudie zur Industrialisierung im Raum Wien [Dipl.], Wien 1991.

Gernot Trausmuth, »Ich fürchte niemanden«. Adelheid Popp und der Kampf für das Frauenwahlrecht, Wien 2019.

Digitale Quellen:

http://data.matricula-online.eu/de/oesterreich/wien/

http://anno.onb.ac.at/

https://www.digital.wienbibliothek.at/

https://www.geschichtewiki.wien.gv.at/Wien_Geschichte_Wiki

http://www.dasrotewien.at/

http://www.bezirksmuseum.at/de/bezirksmuseum_15/bezirksgeschichte/